親子で遊ぼう
おりがみだいすき！

山田勝久 監修

池田書店

おはなやさん

おはなの おりがみを おみせみたいに かざってみよう！

- ばら ➡98ページ
- ひまわり ➡105ページ
- チューリップ ➡96ページ
- カーネーション ➡148ページ
- あじさい ➡104ページ
- あさがお ➡102ページ

いろいろな いろで おってみよう！

えんそく

いろいろな おりがみで ふうけいを つくって あそぼう！

- かぶとむし ➡88ページ
- おにぎり ➡66ページ
- きのこ ➡71ページ
- おかしいれ ➡124ページ
- くるくるバッタ ➡30ページ

みんなで なかよく おひるごはん！

どうぶつえん

たくさんおって　じぶんだけの　どうぶつえんを　つくってみよう！
かおを　かいたり　ちいさいかみで　こどもを　おると
もっとたのしく　あそべるよ！

ペンギン
→92ページ

くるくるおっとせい
→36ページ

がぶがぶわに
→40ページ

いのしし
→84ページ

おりがみの たのしみを ひろげよう

おりがみは プレゼントしてもよろこばれるし かざってもすてき！ いろいろな たのしみかたを しょうかいするよ

メッセージカードにしてもいいね

おりがみを カードに はって てがみにすると よろこばれるよ！

はさめる さくひんが つかいやすいよ

ほんに はさんで しおりとして つかうと べんりだよ！

よていひょうに おりがみを はって めだたせよう！

ゆらゆら ゆれて かわいいよ

ストローや ひもで おりがみのモビールを つくろう！

たんじょうびに おりがみの スタンドで テーブルを かざろう！

れいぞうこや かべに さげてもいいよ

みんなが ちゅうもくする メッセージに！

おりがみの てがみも そえてね！

プレゼントの ふくろに はって かわいくしよう！

たのしい にっきに なるよ！

おりがみさくひんを アルバムにして にっきにしよう！

おはなは はなたばにして プレゼントすると すてきだよ！

しゃしんたてに メッセージを そえてもすてき！

じょうずに おれたら がくに いれて かざろう！

おきにいりの おりがみは ビンに いれて かざると おしゃれだよ！

もくじ

★…かんたん ★★…ふつう ★★★…むずかしい

8 おりがみの たのしみを ひろげよう
13 おりかたと きごう

うごかす

| 16  まわるおりがみ ★ | 17 ヨット ★ | 18 かさねるタワー ★ | 20 はな ★★ |

| 21 ひげ ★★ | 22  スマホ ★ | 24  かみひこうき ★★ | 26  つんつんからす ★★ | 28  ふうせん ★★ |

| 30 くるくるばった ★★ | 32  おさんぽぞうさん ★★ | 34  こんこんきつね ★★★ | 36  くるくるおっとせい ★★ | 38  きつつき ★★ |

| 40 がぶがぶわに ★★ | 42  くちびる ★★ | 44  メガホン ★★ | 46  グローブ ★★ |

たべもの

| 48  アイスクリーム ★ | 49 キャンディーアイス ★ | 50 しかくいケーキ ★★ | 52  さんかくケーキ ★★★ |

| 54  すいか ★ | 56 バナナ ★★ | 58  いちご ★★ | 60  ハンバーガー ★★ | 64 エビフライ ★★ |

つかえる

- 112 かんむり
- 114 ブレスレット
- 116 ハートのゆびわ
- 118 ブローチ
- 120 メダル
- 122 ハート
- 124 おかしいれ
- 126 おてがみ
- 127 おさいふ
- 128 はこ
- 131 ふじさんのはしぶくろ
- 132 ビールのはしぶくろ
- 133 ハートのはしぶくろ
- 135 しゃしんたて

きせつ

- 137 サンタクロース
- 138 ゆきだるま
- 139 いえ
- 140 ほし
- 141 ツリー
- 142 おびな
- 144 めびな
- 146 かぶと
- 148 カーネーション
- 150 ネクタイ
- 152 シャツ
- 154 ほしのたんざく
- 156 ジャック・オー・ランタン
- 158 おに
- 159 リース

おうちのかたへ
●できあがりのサイズは目安です。　●本書では難易度を「かんたん」「ふつう」「むずかしい」の3段階で表記していますが、人によって難しさは異なります。目安としてお考えください。　●はさみなどの取り扱いの際は十分にご注意ください。

おりかたと きごう

このほんで つかっている
おりかたと きごうだよ
おる まえに
よく みておこう

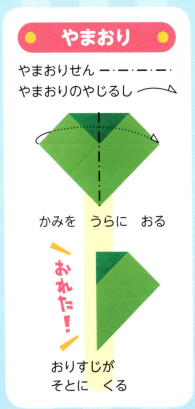

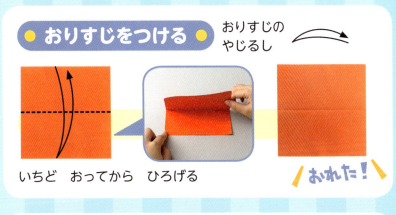

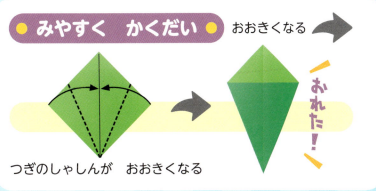

おるときのコツ❶ おるばしょが わからなくなったら つぎのしゃしんと くらべてみよう

だんおり

★ てまえにだんおり

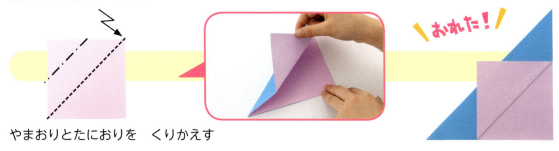

やまおりとたにおりを くりかえす

★ うしろにだんおり

たにおりとやまおりを くりかえす

★ まっすぐだんおり・ななめにだんおり

かさねたかみを だんおりにする

ヒントになるせん

★ ガイド …… おれた！
おれたときの かたち

★ おりすじ ── おれた！
おったところの せん

おるときのコツ❸ 「かんたん」な おりがみから れんしゅうしてみよう

うごかす　まわるおりがみ

ゆびで　はじいて　まわせるよ

かんたん ★☆☆

1 7.5×7.5センチ おもて

まんなかでおり もどす

2
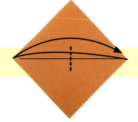
まんなかに　おりすじを　みじかく　つける

とちゅうのかたち

おりすじを つけている　ところ

できあがり

たて7.5×よこ7.5センチ

あそびかた

おもてに　えをかき　ゆびで　はじいてまわそう！

じゆうに　えを　かいてみよう！

かどを　はじくように　まわそう！

うごかす ヨット

もようのついた かみで おると ステキだよ

かんたん

1 15×15センチ おもて

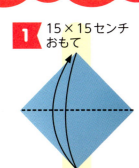

まんなかでおり もどす

2

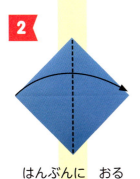

はんぶんに おる

3

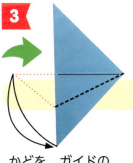

かどを ガイドの ようにおり もどす

4

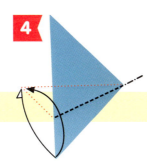

おりすじに あわせて かぶせおりにする

とちゅうのかたち

かぶせおりにしている ところ

できあがり

たて15×よこ15センチ

あそびかた

だれのヨットが いちばんはやいか きょうそうだ！

ほを すこしひろげ いきを ふきかけて まえに すすめよう

よーい ドン！

うごかす かさねるタワー

★☆☆ かんたん

だれが いちばんたかく かさねられるかな？

あそびかた

たおれないように どんどん かさねてみよう！

1 ブロックを 20こくらい じゅんびしよう

2 かわりばんこに かさねて たおしたひとの まけだよ

じょうずに かさねるコツ

❌
むきが おなじだと たおれやすいよ

⭕
むきを かえて かさねると うまくかさねられるよ

18

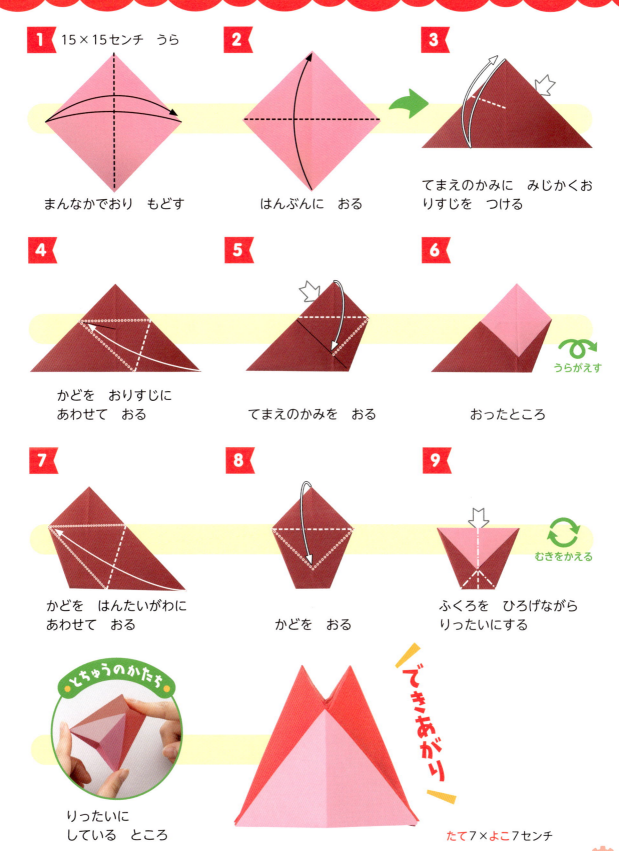

はなとひげ

うごかす

ふつう ★★☆

はな

1 7.5×7.5センチ うら

おりすじを つけて もどす

2

かどを おりすじに あわせて おる

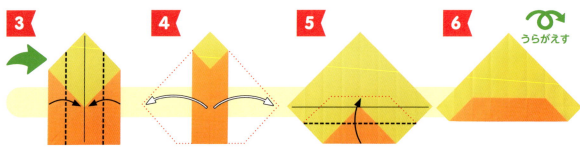

3 さゆうを おりすじに あわせて おる

4 さゆうを ガイドの ように ひろげる

5 したがわを ガイドの ように おる

6 うらがえす おったところ

7  さゆうを おりすじに あわせて おる

8 おったところ

9 うらがえす かどを うちがわだけで おる

10 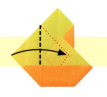 はんたいがわも おなじように おる

11

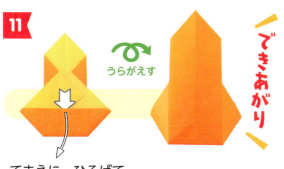

うらがえす

てまえに ひろげて りったいにする

たて6× よこ4センチ

できあがり

ひげ

1
7.5×7.5センチ
うら

おりすじを つけて もどす

2

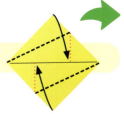

かどを おりすじに あわせて おる

3

かどを あわせて おる

4
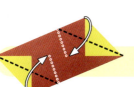
むきをかえる

はんぶんに おる

5

てまえのかみを ガイドのように おる

6

うらがえす

おったところ

7

したから はんぶんに おるように たたむ

とちゅうのかたち

したから たたんでいる ところ

8

かどを なかわりおりにする

9

はんたいも おなじ

かどを なかに おる

できあがり

たて2.5×よこ7センチ

あそびかた

いろや はねかたの かくどを かえて いろいろな ひげを つくってみよう！

うごかす スマホ

かんたん

ほんたい

1 15×15センチ うら

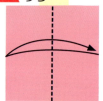

まんなかでおり もどす

2

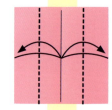

さゆうを おりすじに あわせており もどす

3 さゆうを ❷のおりすじに あわせており もどす

4 さゆうを ❸のおりすじに あわせて おる

5 さゆうを ❸のおりすじで おる

6 はんぶんに おる

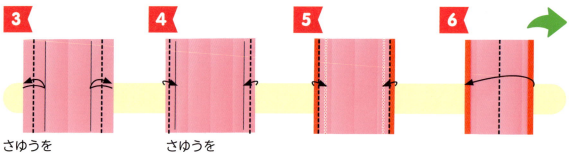

7 てまえのかみを はんぶんに おる

8 かどを ガイドの ように おる

できあがり

たて15×よこ5.5センチ

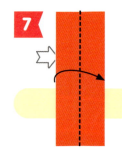

がめん

1 15×15センチ うら

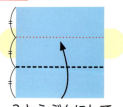

3とうぶんにして したがわを おる

3とうぶんにして みぎがわを おる

はんぶんに おる

たて10×よこ5センチ

がめんは 3つ えがけるよ！ すきな がめんに かえてみよう！

くみあわせかた

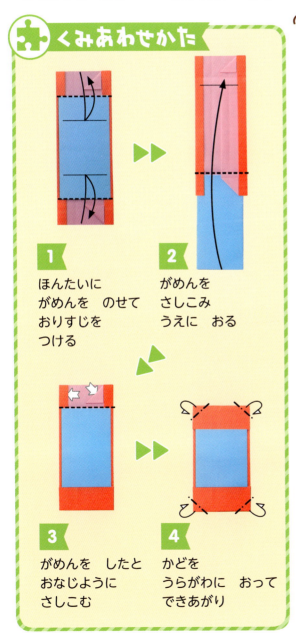

1 ほんたいに がめんを のせて おりすじを つける

2 がめんを さしこみ うえに おる

3 がめんを したと おなじように さしこむ

4 かどを うらがわに おって できあがり

あそびかた

えを かいたり シールを はったりして がめんを かんせいさせよう！

でんわきのうは すうじをかこう！

まちうけがめんは すきなえを かいてみよう！

キラキラの かみも おしゃれだよ！

かみひこうき

うごかす ★★☆ ふつう

なにいろの ひこうきが かっこいい？

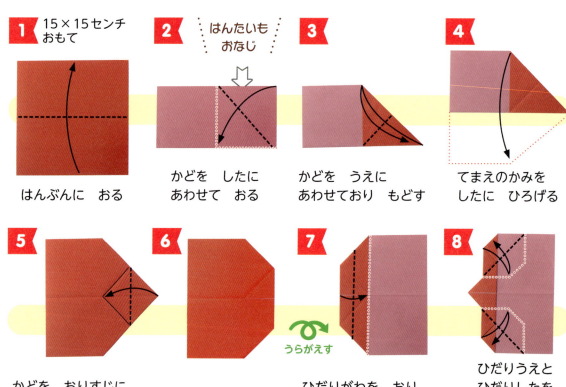

1 15×15センチ おもて
はんぶんに おる

2 はんたいも おなじ
かどを したに あわせて おる

3 かどを うえに あわせて おり もどす

4 てまえのかみを したに ひろげる

5 かどを おりすじに あわせて おる

6 おったところ

7 うらがえす
ひだりがわを おり かどを もどす

8 ひだりうえと ひだりしたを おり もどす

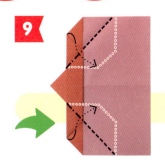
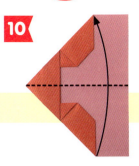
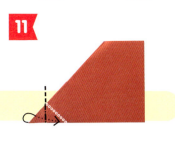

ガイドのように
なかわりおりにする

はんぶんに　おる

かどを　なかわりおりにする

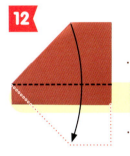
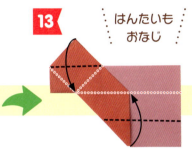
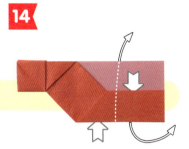

てまえのかみを
したに　おる

かどと　したがわを
ガイドに　あわせて　おる

したから　ひろげて
りったいにする

でき あがり

たて9.5×よこ10センチ

はねのひらきかた

このかくどが
ポイント！

はねのかくどで
とびかたが　ちがってくるよ

あそびかた

きょうそう

だれが　いちばん　とおくまで　とばせるか
きょうそうしよう

まとあて

まとや　あなを　つくって　ひこうきを　とばしてみよう
さいしょに　あてたり　とおせた　ひとのかちだよ

25

つんつんからす

ふつう

くちばしで つつくような うごきを するよ

1 15×15センチ うら

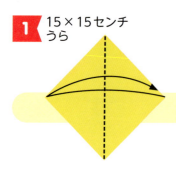

まんなかでおり もどす

2

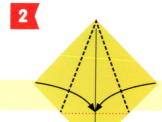

かどを おりすじに あわせて おる

3

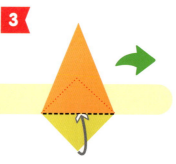

かどを なかに さしこむ

4

かどを まんなかに あわせており もどす

5

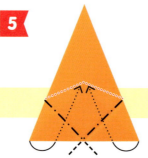

おりすじに あわせて なかわりおりにする

とちゅうのかたち

なかわりおりにして かどを さげる

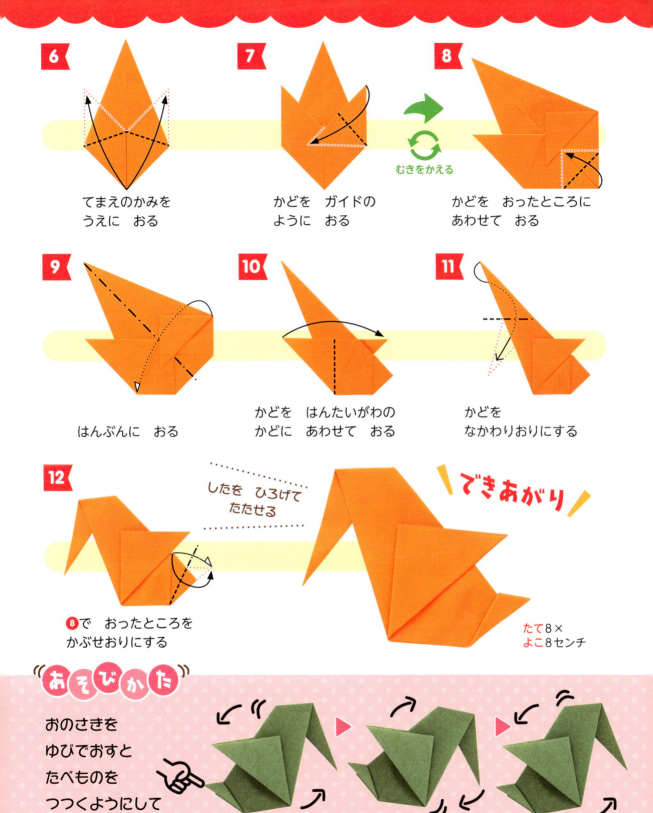

ふうせん

うごかす

ふくらませて あそぶ おりがみだよ

ふつう

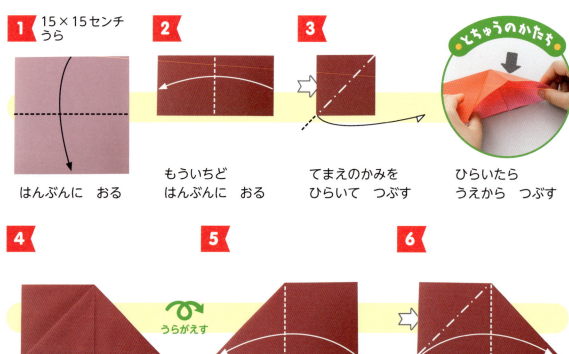

1 15×15センチ うら
はんぶんに おる

2 もういちど はんぶんに おる

3 てまえのかみを ひらいて つぶす

とちゅうのかたち
ひらいたら うえから つぶす

4 うらがえす
おったところ

5 てまえのかみを はんたいがわに おる

6 ❸とおなじように ひらいて つぶす

7

てまえの かみだけ おる

かどを おりすじに あわせて おる

8
おったところ

9

うらがえす

はんたいがわも おなじように おる

10
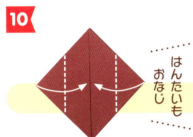
はんたいも おなじ

かどを まんなかに あわせて おる

11

てまえのかみを かどに あわせて おる

12

はんたいも おなじ

おったところを ふくろに さしこむ

13

したから いきを いれて りったいにする

できあがり

たて4×よこ4センチ

かざりかた

いとを とおして つなげて みよう！

あそびかた

ふうせんを まとに あてる ゲームだよ！

1 ダンボールに まとを つくって てんすうを かきこもう

2 まとを ねらって ふうせんを なげこもう

3 ひとり2かいずつ じゅんばんに なげて てんすうを きそおう

29

くるくるばった

ゆびで はじくと くるっと とびあがるよ

ふつう

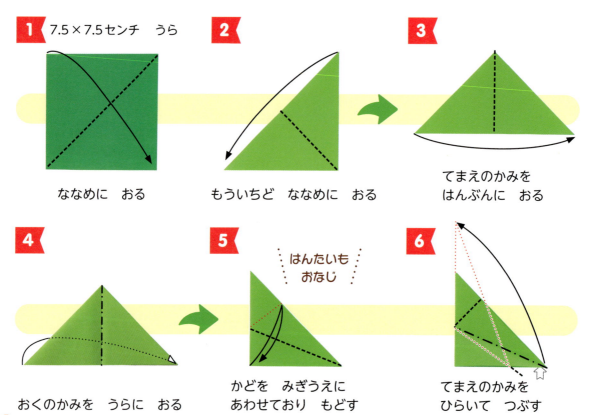

1 7.5×7.5センチ　うら
ななめに　おる

2 もういちど　ななめに　おる

3 てまえのかみを
はんぶんに　おる

4 おくのかみを　うらに　おる

5 はんたいも　おなじ
かどを　みぎうえに
あわせており　もどす

6 てまえのかみを
ひらいて　つぶす

とちゅうのかたち

てまえのかみを
ひらいている ところ

7

はんたいがわも
おなじように おる

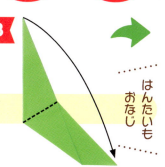
8

はんたいも おなじ

てまえのかみを
かどに あわせて おる

9

はんたいも おなじ

おったところを
おりすじに あわせて おる

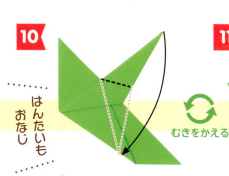
10

はんたいも おなじ

むきをかえる

かどを
ガイドのように おる

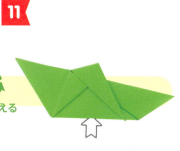
11

したから ひろげて
りったいにする

できあがり

たて2.5×よこ7センチ

あそびかた

あたまを ゆびで つよくたたくと
ちゅうがえりするよ！

31

うごかす おさんぽぞうさん

あたまを ゆらしながら あるくよ

★★☆ ふつう

からだ

1 7.5×7.5センチ うら

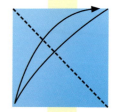

ななめにおり もどす

2

かどを おりすじに あわせて おる

3

かどを おりすじに あわせており もどす

4

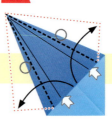

③のおりすじを ○に あわせて おる

5

かどを みぎしたに あわせて おる

6

てまえのかみを ガイドのように おる

7

はんぶんに おる

8

かどを ガイドの ように おる

9

おったところを そとがわに おる

10
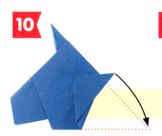
❽まで おりを もどす

11

❽のおりすじで なかわりおりにする

12
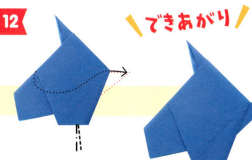
❾のおりすじで なかわりおりにする

できあがり

たて4.5×よこ4.5センチ

あたま

1
7.5×7.5センチ うら
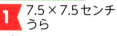

からだの❶❷を おる

2

かどを ひだりうえに あわせて おる

3

てまえのかみを かどで おる

むきをかえる

4

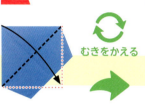
かどを ガイドの ように おる

5

かどを うらに おる

6

てまえのかみを ひらきながら はんぶんに おる

とちゅうのかたち

てまえのかみを ひらいたところ

むきをかえる

できあがり

たて3×よこ5センチ

くみあわせかた

あたまの❻で ひらいた ところに からだのかどを さしこむ

あそびかた
しっぽのさきを はじけば あたまを ゆらして まえに すすむよ!

こんこんきつね

うごかす

むずかしい ★★★

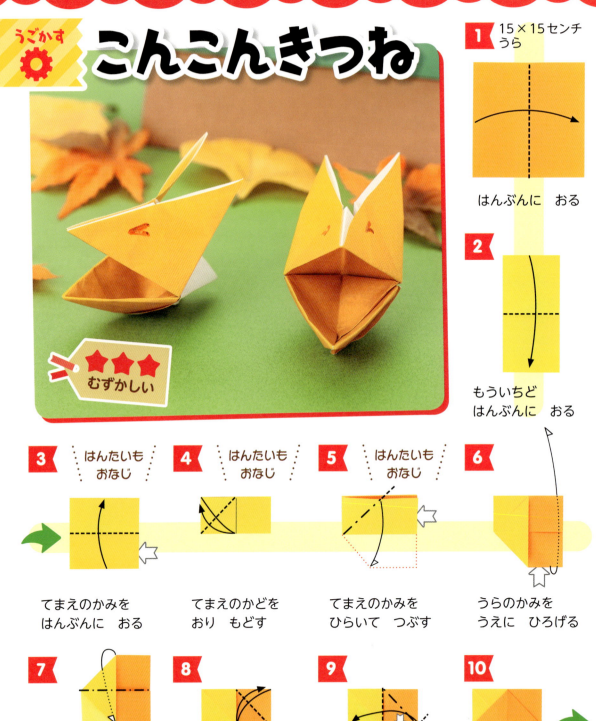

1 15×15センチ うら

はんぶんに おる

2

もういちど はんぶんに おる

3 はんたいも おなじ

てまえのかみを はんぶんに おる

4 はんたいも おなじ

てまえのかどを おり もどす

5 はんたいも おなじ

てまえのかみを ひらいて つぶす

6

うらのかみを うえに ひろげる

7

じょうげを まんなかに あわせて うらに おる

8

かどを まんなかに あわせており もどす

9

まんなかから じょうげを ひらいて つぶす

10

おったところ

うらがえす

34

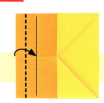  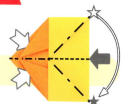

ひだりがわを
まんなかに
あわせており　もどす

ひだりがわを
おりすじに
あわせて　おる

かどを　あわせて
なかに　さしこむ

ひだりがわから
ひろげて　☆と★を
あわせるように　つぶす

ひだりがわを
ひろげたところ

みぎがわを
つぶしたところ

かぶせるように
だんおりして　もどす

かどを　へこませて
なかに　おる

なかのかみを
よせて
だんおりにする

なかのかみを
よせたところ

だんおりに
しているところ

ひろげて
りったいにする

あそびかた

たて8×よこ4センチ

もちかたに
よって　くちの
うごきが
かわるよ！

おやゆびと　ひとさし
ゆびと　なかゆびで
もち　うごかす

うしろの　だんおりを
よこに　ひろげたり
とじたりする

うごかす

くるくるおっとせい

★★★ むずかしい

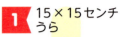
1 15×15センチ うら

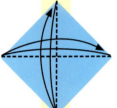
おりすじを つけて もどす

2
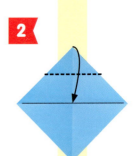
かどを おりすじに あわせて おる

3
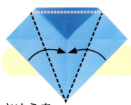
さゆうを おりすじに あわせて おる

4

かどを まんなかに あわせており もどす

5

さゆうを なかわりおりにする

6

てまえのかみを したに おる

7

かどを まんなかに あわせており もどす

8

かどを おりすじに あわせており もどす

9

かどを なかにおりこむ

とちゅうのかたち
かどを おりこんで いるところ

10 かどを ガイドの ように おる

11 おったところ

12 かどを したに おる

13 かどを うえに あわせて おりすじを つける

14 かどを うえに あわせて おる

15 ○を たてながら はんぶんに おる

とちゅうのかたち
はんぶんに おったところ

16 はんたいも おなじ　むきをかえる
かどを ガイドのように なかに おる

17 かどを なかわりおりにする

18 なかのかどを もういちど なかわりおりにする

19 かどを なかわりおりにする

できあがり
たて7×よこ9センチ

あそびかた
おを ゆびでつよく たたくと ちゅうがえりするよ！

37

うごかす きつつき

たべものを つつかせて あそぼう

ふつう

1 15×15センチ うら

おりすじを つけて もどす

2 かどを おりすじに あわせて おる

3 はんぶんに おる

4 かどを ガイドのようにおり もどす

5 かどを なかわりおりにする

6 はんたいも おなじ

てまえのかみを ガイドのようにおり もどす

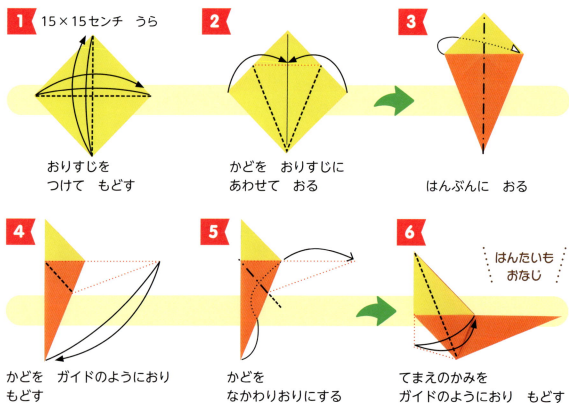

7

はんたいも おなじ

てまえのかみを ひろげて つぶす

8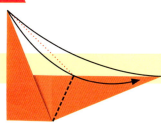

かどを うえのかどに あわせており もどす

9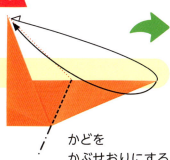

かどを かぶせおりにする

10

かどを ガイドのようにおり もどす

11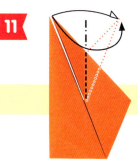

かどを かぶせおりにする

12

もういちど かぶせおりにする

できあがり

たて11×よこ7.5センチ

あそびかた

さゆうのかどを つまんで おおきく ひらいたり とじたりして うごかそう！

もちかた

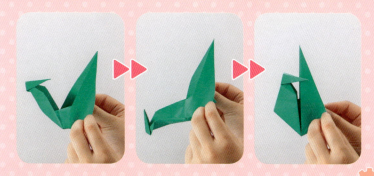

うごかす がぶがぶわに

おいしそうな えものは いないかな〜

★★★ むずかしい

1 15×15センチ うら

おりすじを つけて もどす

2

かどを おりすじに あわせて おる

3

かどを まんなかに あわせており もどす

4

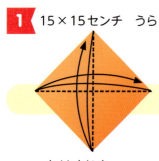

さゆうを なかわりおりにする

とちゅうのかたち

なかわりおりに したところ

5

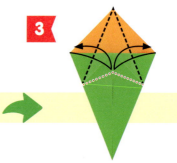

おったところを まんなかに あわせて おる

6

むきをかえる

はんぶんに おる

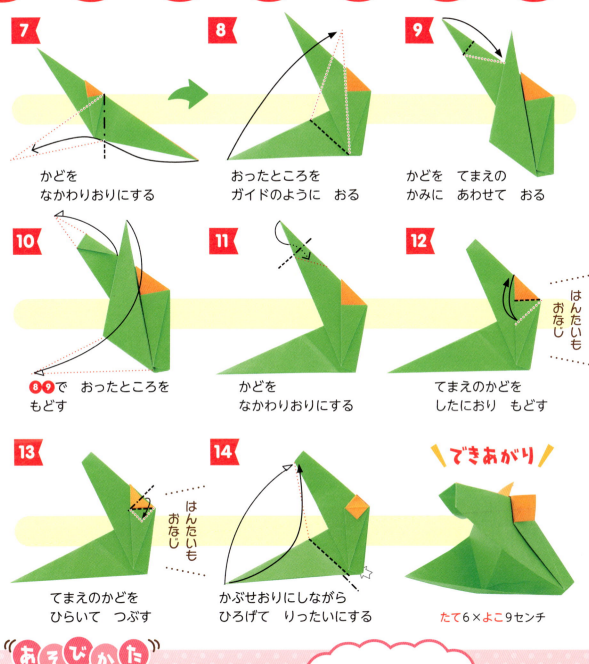

7 かどを なかわりおりにする

8 おったところを ガイドのように おる

9 かどを てまえの かみに あわせて おる

10 ❽❾で おったところを もどす

11 かどを なかわりおりにする

12 てまえのかどを したにおり もどす / はんたいも おなじ

13 てまえのかどを ひらいて つぶす / はんたいも おなじ

14 かぶせおりにしながら ひろげて りったいにする

できあがり

たて6×よこ9センチ

あそびかた

さゆうのかどを もって くちを あけたり とじたりして うごかそう！

わにのくちは どれだけ おおきく あくのかなあ？

ぐわーん！

くちびる

くちのはしを りょうてで もって うごかすと ひらいたり とじたり するよ

パクパク

ふつう

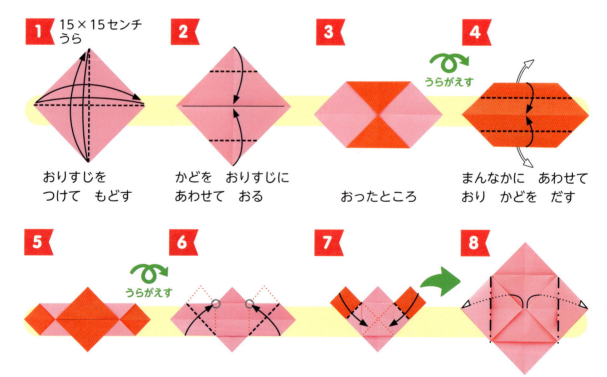

1. 15×15センチ うら　おりすじを つけて もどす
2. かどを おりすじに あわせて おる
3. おったところ
4. まんなかに あわせて おり かどを だす
5. おったところ
6. さゆうを ○に あわせて おる
7. かどを まんなかに あわせて おる
8. かどを うらにおり なかに さしこむ

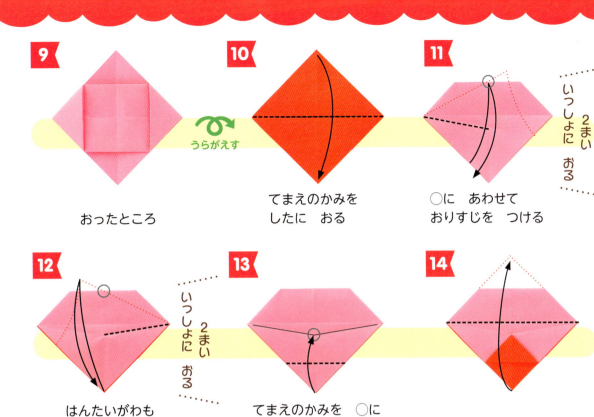

9
おったところ

10
てまえのかみを
したに おる

11
○に あわせて
おりすじを つける
2まい いっしょに おる

12
はんたいがわも
おりすじを つける
2まい いっしょに おる

13
てまえのかみを ○に
あわせて おる

14
かどを うえに おる

15
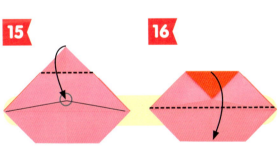

てまえのかみを ○に
あわせて おる

16
てまえのかみを
はんぶんに おる

17

おりすじで つぶし
ひろげて
りったいにする

できあがり

たて6×よこ11センチ

あそびかた

おおきくひらけば
はことして つかえるよ!

おおきく
ひろげて
おやつを
いれよう!

はなや
ひげと
くみあわせて
みよう!

はな➡20ページ
ひげ➡21ページ

43

メガホン

うごかす

ふつう

こどもようは ちいさなかみで おると いいね

1 しんぶんし 1まい

1まいを はんぶんに おってから はじめる

41センチ
54.5センチ

まんなかで おる

2 もういちど まんなかで おる

3 かどを ガイドの ように おる

4 おったところを もういちど おる

5 かどを ガイドの ようにおり もどす

6 うしろのかみを ひだりに ひろげる

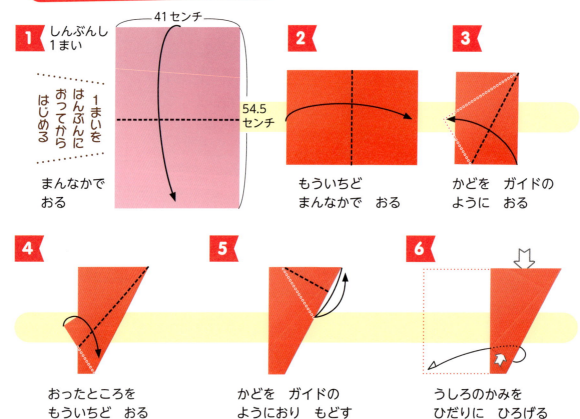

44

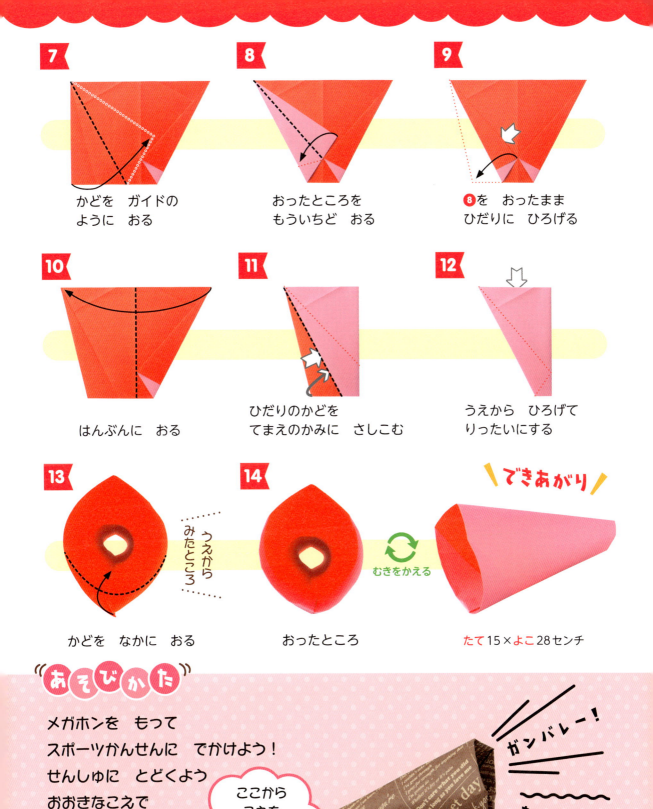

うごかす グローブ

ふたつおって
キャッチボールを
しよう

★★☆ ふつう

1 しんぶんし 1まい
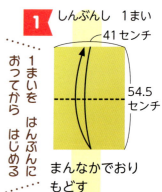
41センチ / 54.5センチ
1まいを はんぶんに おってから はじめる
まんなかでおり もどす

2
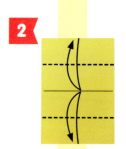
じょうげを おりすじに あわせており もどす

3

かどを おりすじに あわせて おる

4
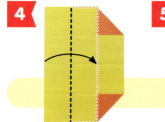
ひだりがわを ガイドのように おる

5

❸で おったところを もどす

6
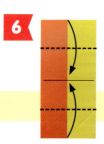
じょうげを おりすじに あわせて おる

7 てまえの かみだけ おる
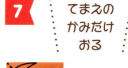

ひだりがわを じょうげに あわせており もどす

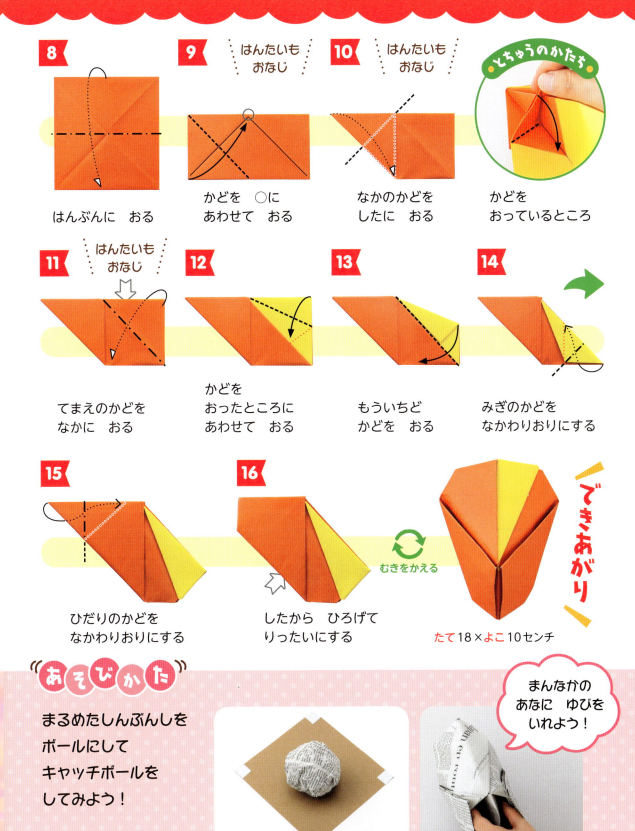

アイスクリーム キャンディーアイス

たべもの

シールや きった かみで デコレーション してみよう

かんたん

アイスクリーム

1 15×15センチ おもて
まんなかでおり もどす

2 かどを ガイドの ように おる

3 みぎうえを かどに あわせて おる

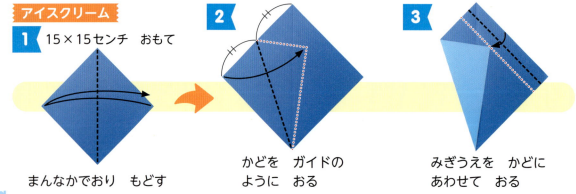

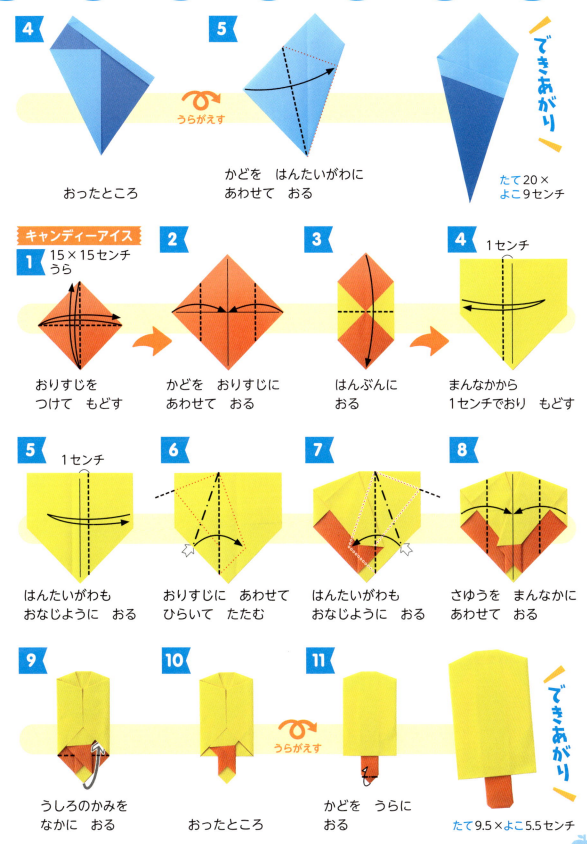

しかくいケーキ

おやつのじかんに
ケーキはいかが？

ふつう

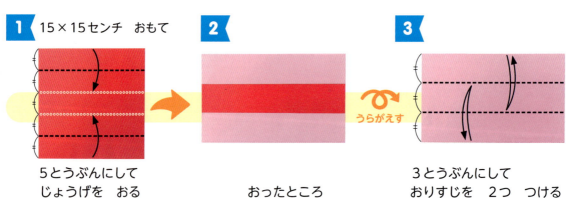

1 15×15センチ おもて

5とうぶんにして
じょうげを おる

2

おったところ

うらがえす

3

3とうぶんにして
おりすじを 2つ つける

さんかくケーキ

もようつきのかみで
おれば いろいろな
ケーキが できるよ

フォーク ➡ 72ページ

1 15×15センチ うら

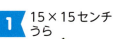

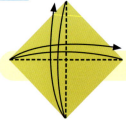

おりすじを
つけて もどす

2

ななめにも おりすじを
つけて もどす

3

かどを おりすじに
あわせており もどす

4

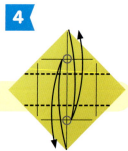

かどを ○に
あわせており もどす

5

みぎのかども おなじ
ようにおり もどす

6

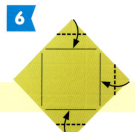

かどを
❸のおりすじに
あわせて おる

7

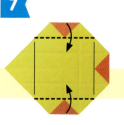

じょうげを
おりすじで おる

8

はんぶんに おる

52

 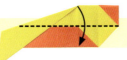
 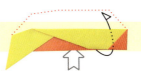

かどを ガイドの ように おる

はんぶんに おる

うしろのかみを うえに ひろげる

○のところを おして へこませる

かどを ガイドの ように おる

おったかどを だんおりにする

てまえと うしろの かみを ひろげる

おりすじに あわせて たたむように おる

はんたいがわも おなじように たたむ

うえのかみを なかに おる

うちがわの かどを さしこむ

かどを さしこんで いる ところ

そとがわの かどを なかわりおりにする

なかわりおりに した ところ

おったところ

うらがえす

できあがり

たて3×よこ10.5センチ

みどりとあかの
りょうめんおりがみで
おってみよう

1. 15×15センチ うら
はんぶんに おる

2. てまえの かみだけ おる
まんなかでおり もどす

3. てまえの かみだけ おる
かどを うえがわに あわせており もどす

かどを　おりすじに
あわせて　おる

❸のおりすじで　おる

かどを　てまえのかみに
あわせて　おる

さゆうを
てまえのかみに
あわせて　おる

❺で　おったところを
ひろげる

ひろげたところ

かどを　なかに　おる

かどを　うらに　おる　　たて7.5×よこ15センチ

たべもの バナナ

ほんものみたいな
バナナの
おりがみ！？

★★★ むずかしい

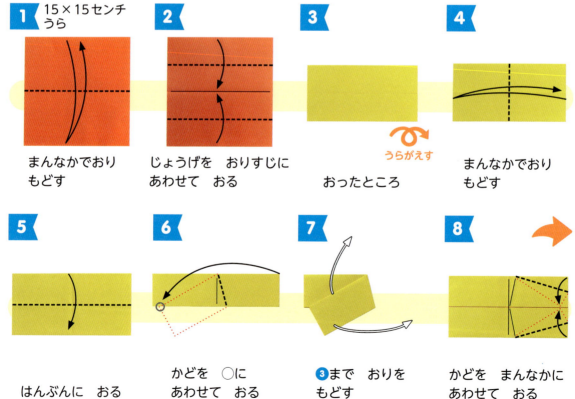

1. 15×15センチ うら
まんなかでおりもどす

2. じょうげを おりすじに あわせて おる

3. うらがえす
おったところ

4. まんなかでおりもどす

5. はんぶんに おる

6. かどを ○に あわせて おる

7. ❸まで おりを もどす

8. かどを まんなかに あわせて おる

56

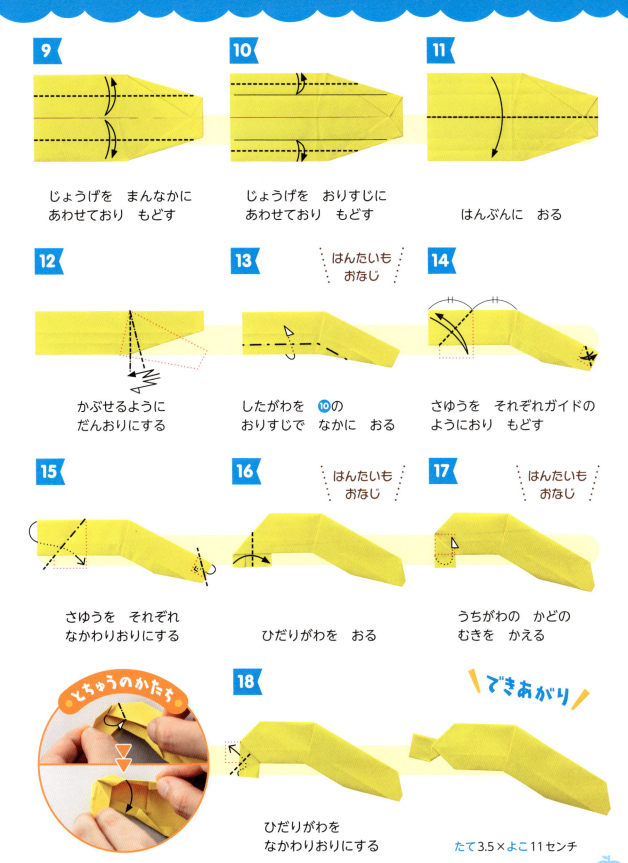

たべもの いちご

たくさんおれば いちごがりのきぶん

ふつう

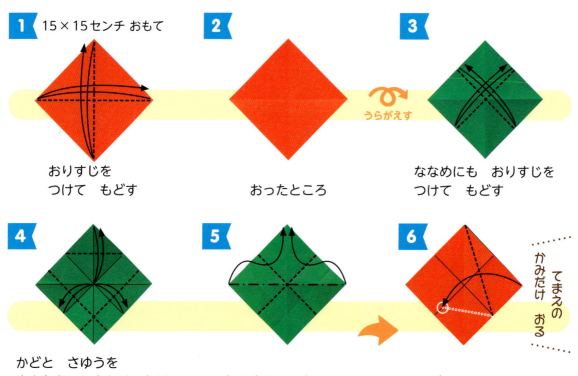

1 15×15センチ おもて
おりすじを つけて もどす

2 おったところ

3 うらがえす
ななめに おりすじを つけて もどす

4 かどと さゆうを まんなかに あわせており もどす

5 おりすじに あわせて たたむように おる

6 てまえの かみだけ おる
かどを ○に あわせて おる

58

7 おったかどを ひらいて つぶす

8 かどを おりすじに あわせて おる

てまえの かみだけ おる

9 おったかどを ひらいて つぶす

 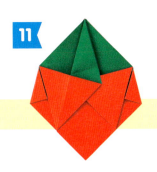 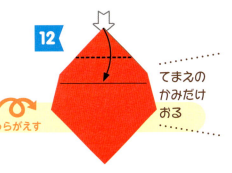

10 かどを てまえのかみに あわせて おる

11 おったところ

うらがえす

12 かどを おりすじに あわせて おる

てまえの かみだけ おる

13 かどを ガイドの ように おる

14 かどを うらに おる

できあがり

たて10×よこ8センチ

あそびかた

なまえを かいた かみを はると なふだに できるよ！

うらがわ

テープなどで はりつけよう！

ハンバーガー

たべもの

ハンバーガーの セットは いかが？

むずかしい

レタス

1 15×15センチ うら
おりすじを つけて もどす

2 かどを まんなかに あわせて おる

3 かどを ガイドの ように おる

4 ひだりがわを ガイドのように おる
むきをかえる

できあがり
たて7.5×よこ9センチ

チーズ

1 15×15センチ うら
おりすじを つけて もどす

2 かどを まんなかに あわせており もどす

3 かどを おりすじに あわせて おる

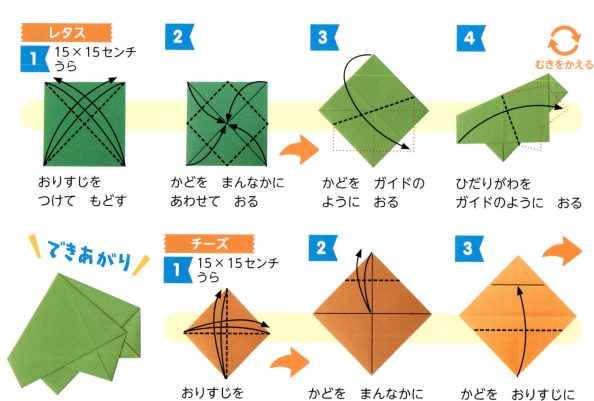

60

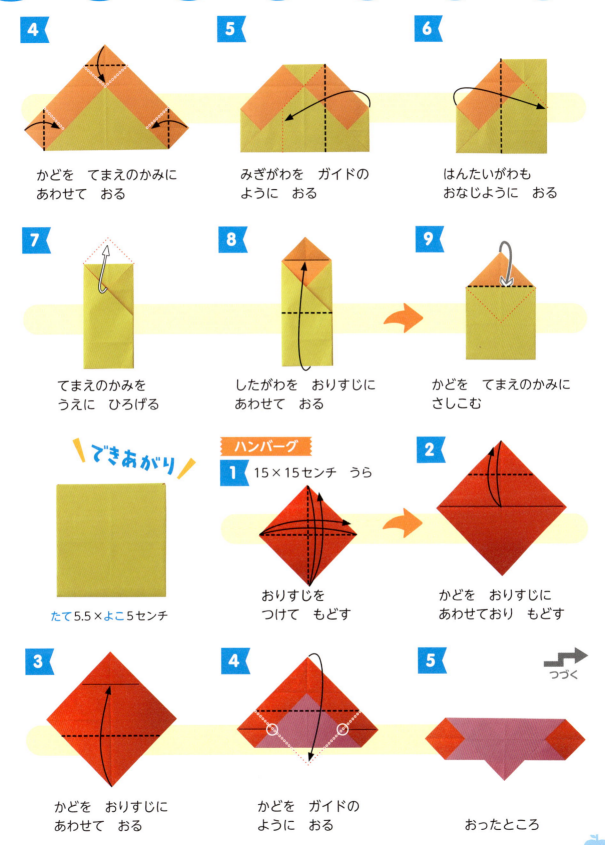

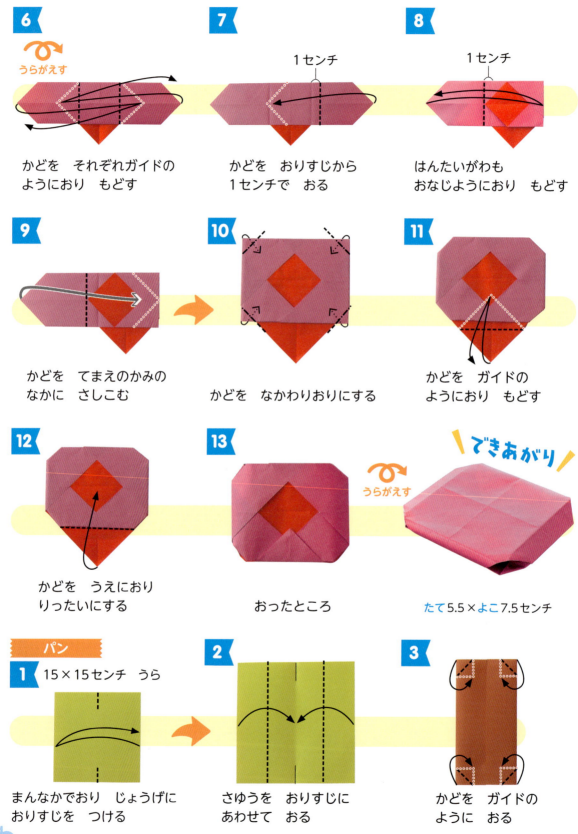

4
じょうげを かどに
あわせており もどす

5
じょうげを おりすじに
あわせており もどす

6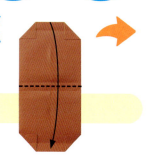
はんぶんに おる

7
かどを ガイドのように
おり もどす

8
かどを
なかわりおりにする

できあがり
たて6×よこ7.5センチ

くみあわせかた

パンの あいだに チーズ ハンバーグ
レタスのじゅんばんで はさもう！

できあがり

わけて あそんでも いいよ！

エビフライ

みんなだいすき！
おおきな エビフライを
おってみよう

★★★ むずかしい

1
15×15センチ
うら

おりすじを
つけて もどす

2

さゆうを まんなかに
あわせており もどす

3

したがわを
まんなかに
あわせて おる

4

おったかみを
したに あわせて
おる

5

❹を おったまま
したに ひろげる

6

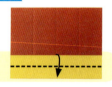

さゆうを まんなかに
あわせて おる

7

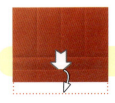

おったかみを
さゆうに
あわせて おる

8

したがわを
❸のおりすじで おる

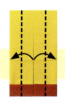

9 かどを したに あわせて おる

10 ○のかみを したに ひきだす

ひきだしたら したに おる

11 かどを それぞれガイドの ように おる

12 さゆうを ひろげて なかのかみを ひきだす

かみを ひきだして いる ところ

13 ひきだしたかみを ななめに おる

14 かどを はんたいがわに あわせて おる

15 さゆうを おりすじに あわせて おる

16 ひだりがわを だんおりにして ずらす

17 みぎがわも おなじように だんおりにして ずらす

18 かどを ガイドの ように おる

19 おったところ

うらがえす

できあがり

たて14× よこ3.5センチ

たべもの おにぎり

かんたん ★☆☆

1 15×15センチ おもて

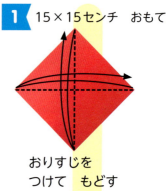

おりすじを つけて もどす

2 ここが のりの おおきさに なるよ

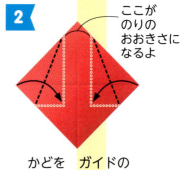

かどを ガイドの ように おる

3

かどを うらに おる

4

したがわを ガイドの ように うらに おる

5

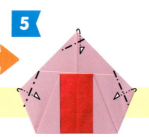

かどを うらに おる

6

もういちど かどを うらに おる

できあがり

たて10×よこ12.5センチ

えがきかた

のりで かくれる ぶぶんに すきな ぐを かこう！

しゃけ / うめぼし / からあげ

66

にんじん だいこん

たべもの

やさいをならべて やおやさんごっこを してみよう

ふつう

にんじん

1. 15×15センチ うら / おりすじを つけて もどす
2. かどを おりすじに あわせて おり もどす
3. かどを ❷のおりすじに あわせて おる
4. みぎしたを ❷の おりすじで おる
5. ひだりも ❷の おりすじで おる
6. うえがわを うらに おる
7. まんなかを なかわりおりにする

とちゅうのかたち
○を やじるしの ほうへ おる

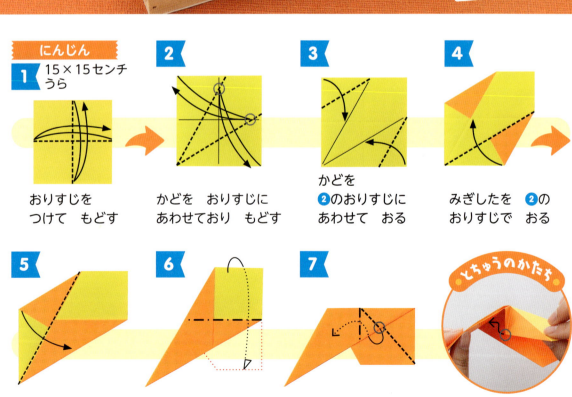

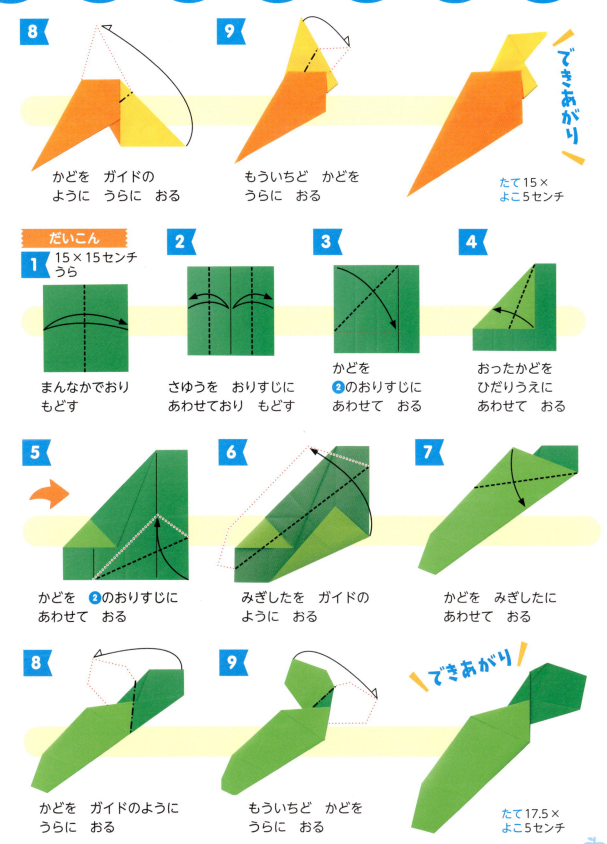

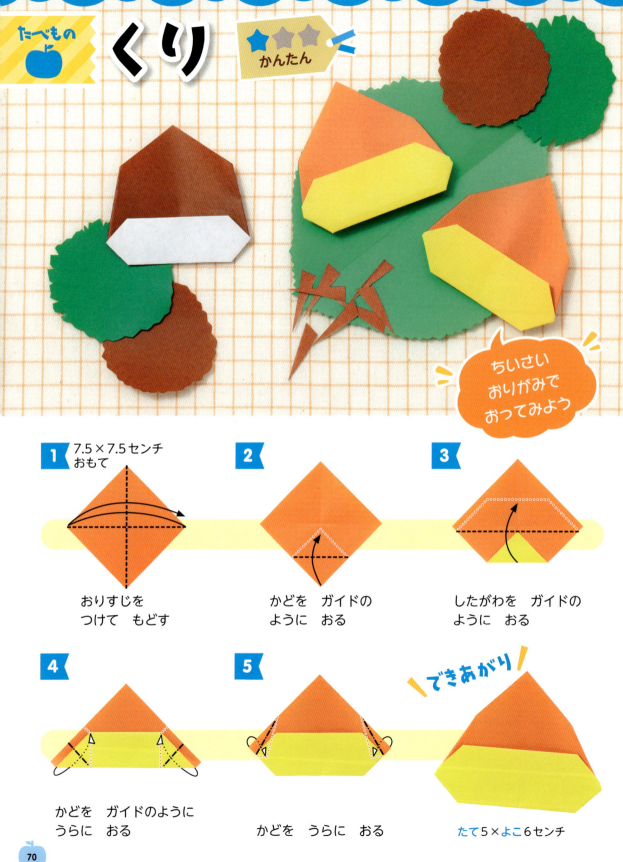

スプーン フォーク ナイフ

たべもの

むずかしい ★★★

ぎんいろや きんいろの おりがみで おれば ほんものみたいに つくれるよ

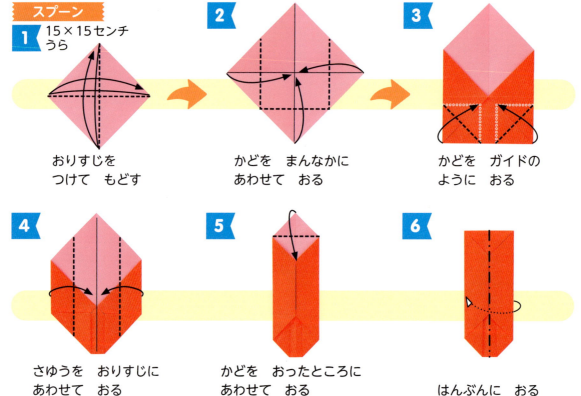

スプーン

1 15×15センチ うら
おりすじを つけて もどす

2 かどを まんなかに あわせて おる

3 かどを ガイドの ように おる

4 さゆうを おりすじに あわせて おる

5 かどを おったところに あわせて おる

6 はんぶんに おる

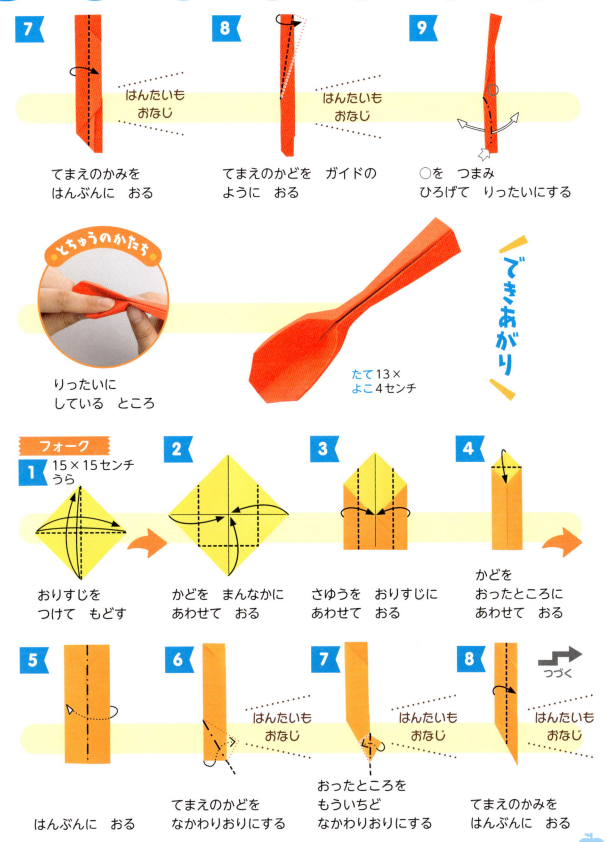

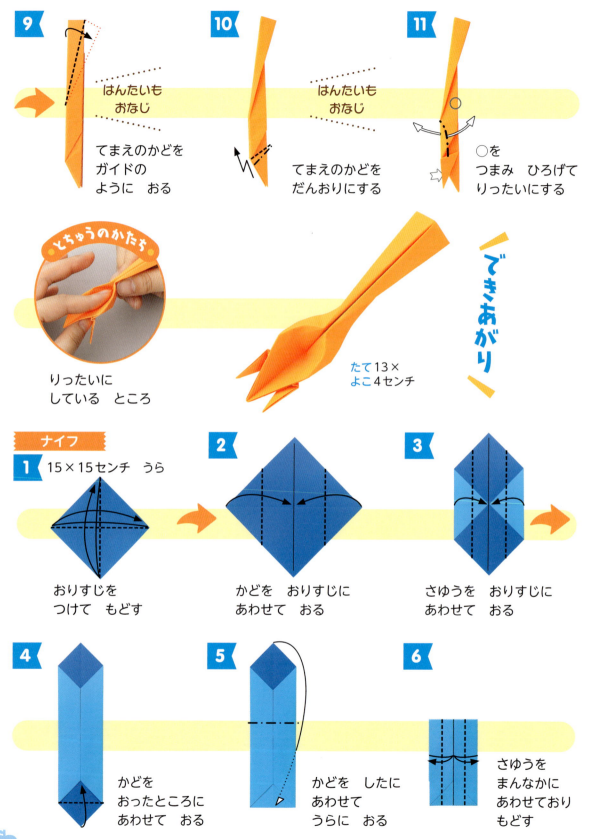

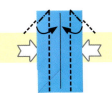 

さゆうから
ひらいて　つぶす

おくのかどを　ガイドの
ように　うらに　おる

うえがわを　ガイドに
あわせて　なかわりおりにする

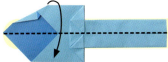 

はんぶんに　おる

かどを　なかわりおりにする

おくのかどを
てまえのかみに　さしこむ

\できあがり/

たて 14.5 ×
よこ 2.5 センチ

あそびかた

たべものの
おりがみと
くみあわせても
いいよ！

スプーンは
まるい　ものが
すくい
やすいよ！

いきもの いぬ

かおを えがくと もっとかわいく なるよ

ふつう

1
15×15センチ おもて

おりすじを つけて もどす

2
☆のところに めを かいてみよう

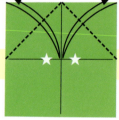

かどを おりすじに あわせて おり もどす

3
どんなふうに でてくるかな？

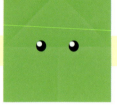

おりもどした ところ

うらがえす

4

かどを ガイドの ように おる

5
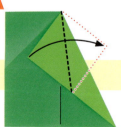

おったかどを もういちど おる

6
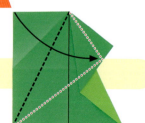

はんたいがわも ガイドの ように おる

7
おったかどを
もういちど おる

8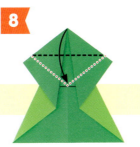
かどを おりすじに
あわせて おる

9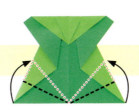
したがわを ガイドの
ように おる

10
おったところ

うらがえす

11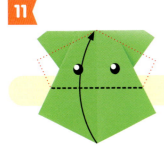
したがわを うえに
あわせて おる

12
てまえのかみを
○のかどで おる

13
かどを うらに おる

14
かどを おる

\できあがり/

たて8×よこ11センチ

えがきかた

クレヨンや シールで かおを えがこう！

はな　　まゆげ

スカーフ

ほっぺの まるを
かいても いいよ！

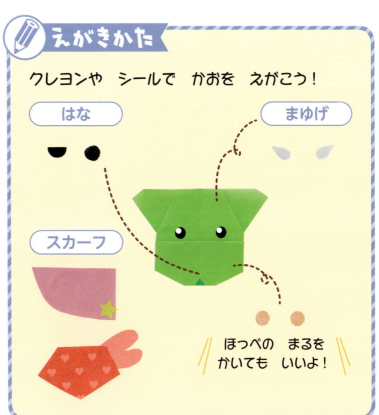

77

いきもの ねこ

ちいさいおりがみで おると こねこが つくれるよ

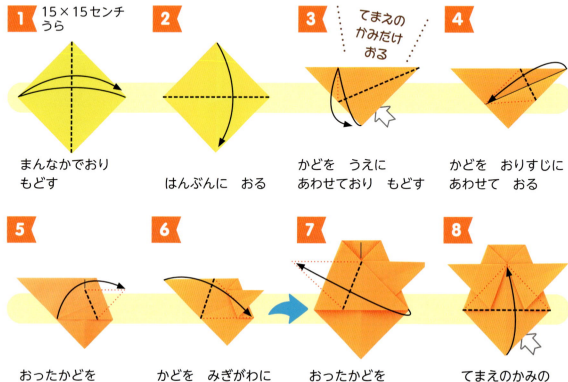

1. 15×15センチ うら / まんなかでおり もどす
2. はんぶんに おる
3. てまえの かみだけ おる / かどを うえに あわせており もどす
4. かどを おりすじに あわせて おる
5. おったかどを もういちど おる
6. かどを みぎがわに あわせて おる
7. おったかどを もういちど おる
8. てまえのかみの かどを おる

9 かどを てまえのかみに あわせて おる

10 もういちど かどを てまえの かみに あわせて おる

11 おったところ／うらがえす

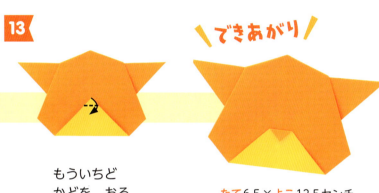

12 かどを ガイドのように おる

13 もういちど かどを おる

できあがり

たて6.5×よこ12.5センチ

えがきかた

シールを つかって えがくと じょうずに かおが つくれるよ！

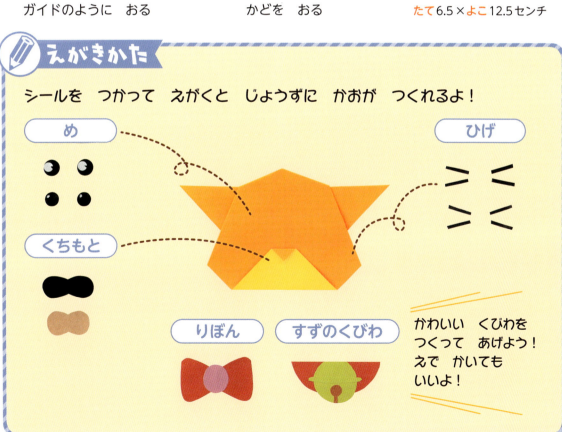

め

くちもと

ひげ

りぼん　すずのくびわ

かわいい くびわを つくって あげよう！
えで かいても いいよ！

ライオン

いきもの

りっぱな たてがみの ライオンだよ

かんたん

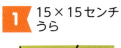
15×15センチ
うら

1 かどを ガイドのように おる

2 うえがわを ガイドのように おる

むきをかえる

3 かどを ガイドのように おる

4 おったかどを もういちど おる

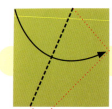
できあがり
たて 10.5 ×
よこ 13.5センチ

えがきかた

はなと め
くちもとには
キバを
つけよう！

はな　め
くちもと
キバあり　キバなし

80

うさぎ①

いきもの

1 15×15センチ うら

まんなかでおり もどす

2 はんぶんに おる

かんたん

3 したから 2センチでおる

4 かどを ガイドの ように おる

5 したがわを おりすじに あわせて おる

6 かどを ガイドの ように おる

7 おったところ

できあがり
うらがえす

たて8.5× よこ9.5センチ

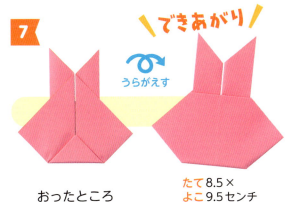

えがきかた

めを おおきくすると かわいいよ

め / はな / くち

うさぎ②

うさぎ①が
おれたら
チャレンジしてみよう

ふつう

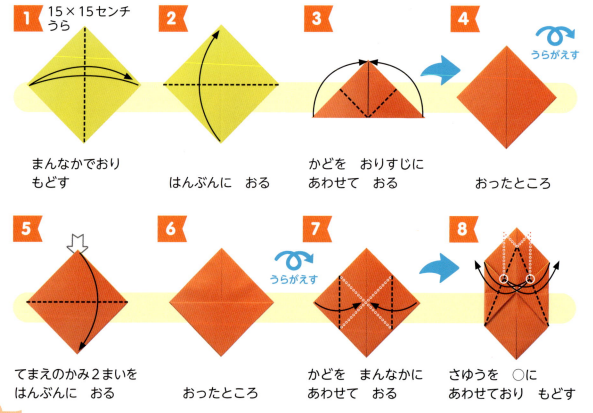

1. 15×15センチ うら / まんなかでおり もどす
2. はんぶんに おる
3. かどを おりすじに あわせて おる
4. うらがえす / おったところ
5. てまえのかみ2まいを はんぶんに おる
6. おったところ
7. うらがえす / かどを まんなかに あわせて おる
8. さゆうを ○に あわせており もどす

9

おりもどしたところ

10

うらがえす

てまえのかみを
ガイドのように おる

11

おったかみのかどを
もういちど おる

12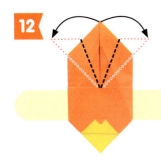

かどを ガイドの
ように おる

13

さゆうを うらに
おりながら りったいにする

とちゅうのかたち

❽のおりすじに
かぶせるように おる

できあがり

たて10×よこ5センチ

えがきかた

めは くちのちかくに
かくと かわいいよ！

め

あそびかた

なかに ゆびを
いれると…
ゆびにんぎょうと
しても あそべるよ！

83

いのしし

ちいさいおりがみで おると うりぼうが つくれるよ

むずかしい

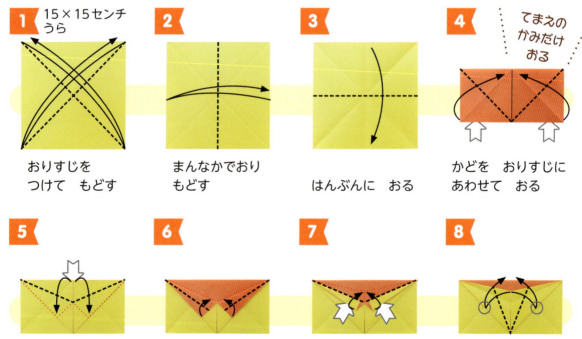

1 15×15センチ うら
おりすじを つけて もどす

2
まんなかでおり もどす

3
はんぶんに おる

4 てまえの かみだけ おる
かどを おりすじに あわせて おる

5
おったかどを もういちど おる

6
おったかどを さらに おる

7
❻を おったまま うえに ひろげる

8
かどを ○に あわせており もどす

9

かどを ガイドの
ように おる

10

おったところを
ひらいて
なかわりおりにする

やじるしの
ほうこうに たたむ

11

○のかどから
ひらいて つぶす

つぶしながら たたむ

12

つぶしたかどを
したに おる

13

かどを ガイドの
ように おる

14

おったかどを
もういちど おる

15

うしろのかみを
てまえのかみに
あわせて おる

16

てまえのかみを
いちど
ひろげて もどす

⑬⑭⑮で おった
かみの うえに もどす

17

もどしたかどを
おる

18

おりすじを
つけてから
たたむように おる

だんおりに
なるように たたむ

できあがり

たて7.5×よこ13センチ

いきもの **パンダ**

おやパンダと
こどもパンダの
なかよしかぞく

ふつう

1 15×15センチ　うら

おりすじを
つけて　もどす

2

かどを　おりすじに
あわせており　もどす

3

かどを　おりすじに
あわせて　おる

4

さゆうを　おりすじに
あわせて　おる

5

じょうげを　それぞれ
ガイドのように　もどす

6

かどを　おりすじに
あわせて　おる

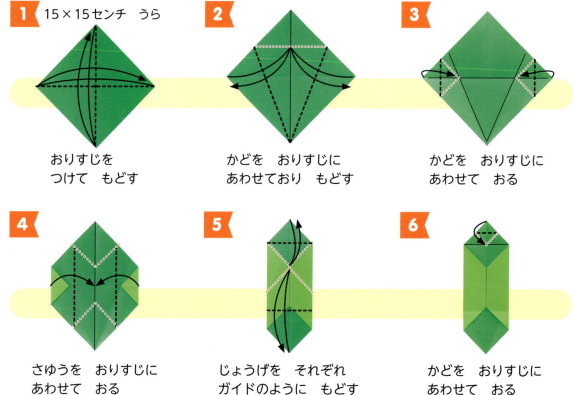

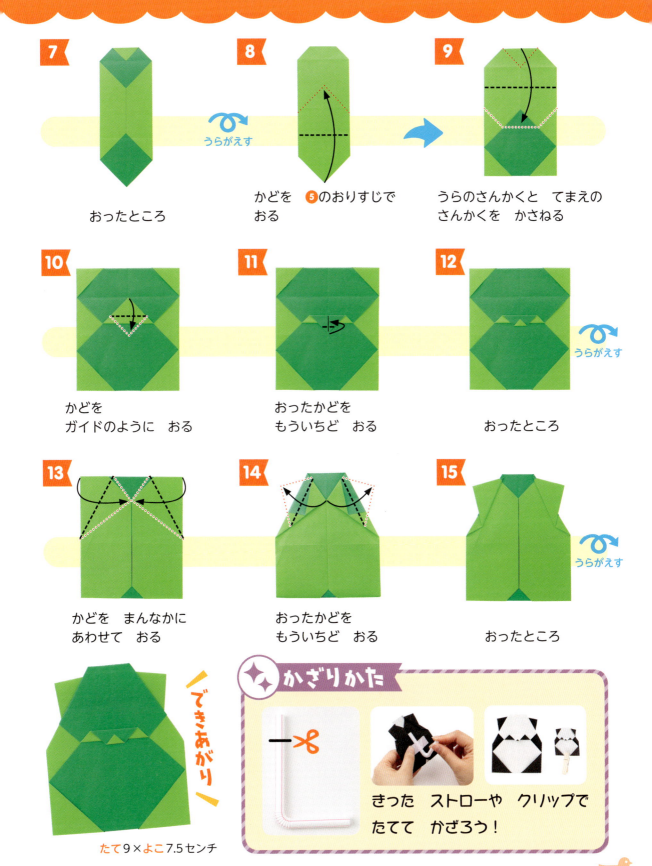

かぶとむし

いきもの

くろや ちゃいろで かっこよく おってみよう

ふつう

1 15×15センチ うら
おりすじを つけて もどす

2 かどを おりすじに あわせて おる

3 おったところ

4 かどを うえに あわせて おる

5 おったかどを したに あわせて おる

6 かどを おったところに あわせており もどす

7 おりもどしたところ

8 かどを おりすじに あわせて おる

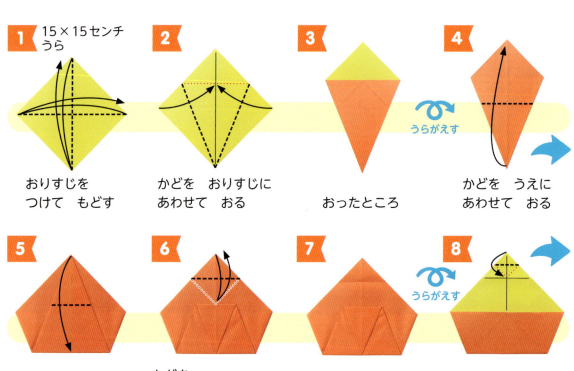

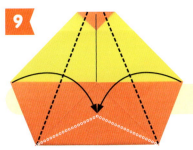

9 かどを まんなかに あわせて おる

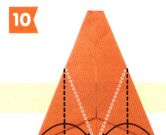

10 もういちど かどを まんなかに あわせて おる

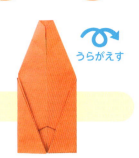

11 おったところ

うらがえす

12 てまえのかみを ガイドの ようにおり もどす

13 かどを おりすじに あわせて おる

14 おったところを ○にあわせて おる

15 うえがわを てまえの かみに あわせて おる

16 はんぶんに おる

17 うえがわを ひらいて つぶす

18 ○を つまんで かさなったかみを ずらす

19 ひろげながら りったいにする

むきをかえる

できあがり

たて4.5×よこ7センチ

とり

いきもの

2まいの おりがみで
からだと つばさを
おるよ

ふつう

からだ

1 15×15センチ うら
まんなかで おり もどす

2 かどを おりすじに あわせて おる

3 かどを うらに おる

4 かどを まんなかに あわせて うらにおり もどす

5 うえから ひらいて つぶす

とちゅうの かたち
みぎがわを ひらいた ところ

6 かどを ガイドの ように おる

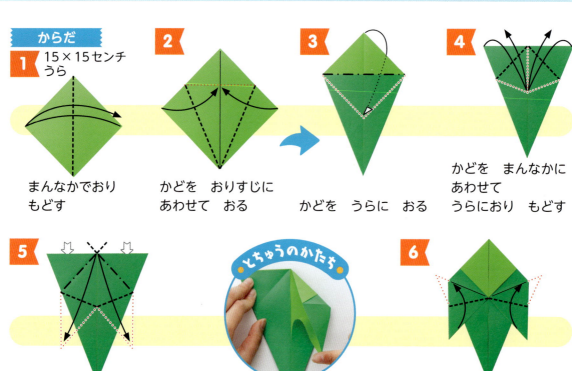

90

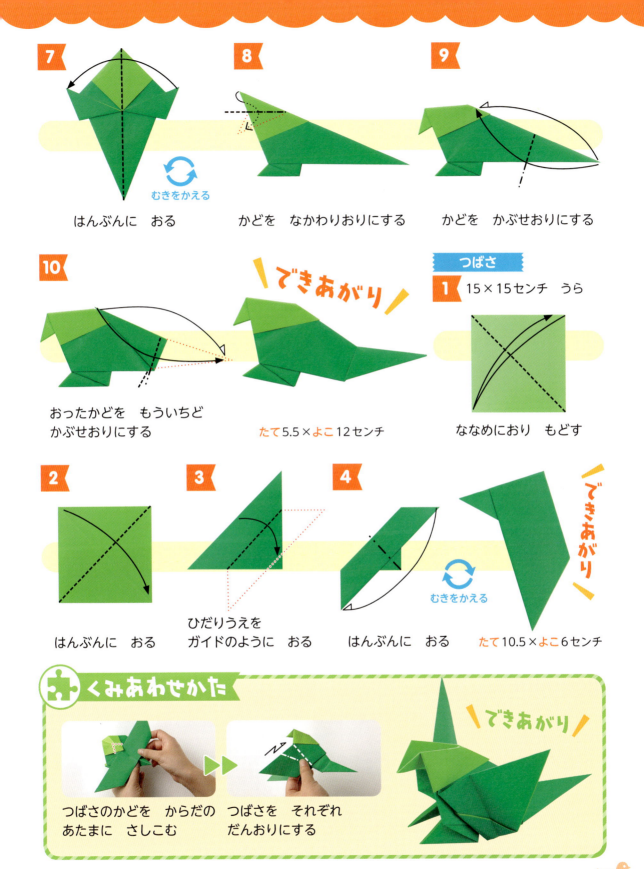

ペンギン

いきもの

いろいろな
ひょうじょうを
かいてみよう

ふつう

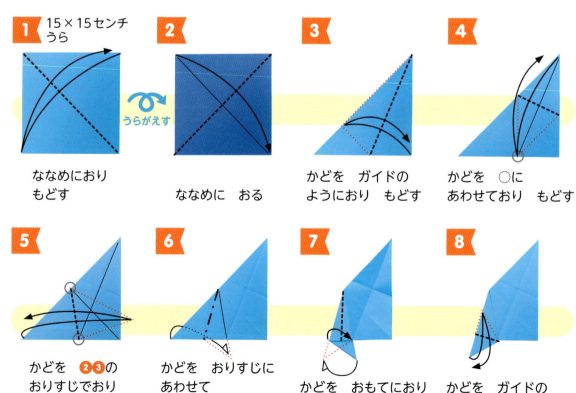

1. 15×15センチ うら
ななめにおり もどす

2. ななめに おる
うらがえす

3. かどを ガイドの ようにおり もどす

4. かどを ○に あわせており もどす

5. かどを ❷❸の おりすじでおり もどす

6. かどを おりすじに あわせて うらに おる

7. かどを おもてにおり うらがわを もどす

8. かどを ガイドの ようにおり もどす

92

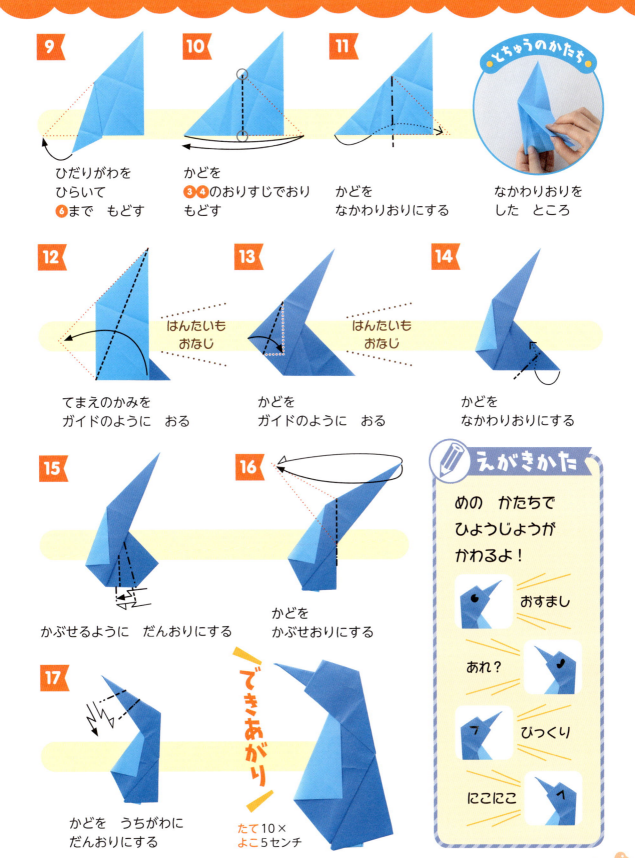

きんぎょ

おおきな めが とくちょうの きんぎょだよ

ふつう

1
15×15センチ
うら

おりすじを つけて もどす

2
ななめにも おりすじを つけて もどす

3
かどを まんなかに あわせて おる

4
したのかどを まんなかに あわせており もどす

5
はんぶんに おる

むきをかえる

6
かどを おりすじに あわせており もどす

94

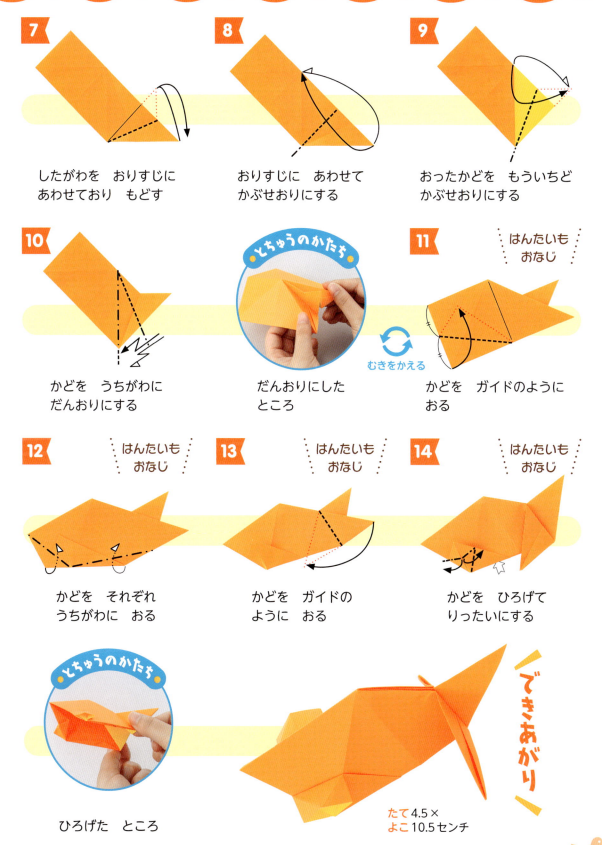

チューリップ

なにいろの
チューリップが
すきかな？

かんたん

チューリップのはな

1 7.5×7.5センチ
うら

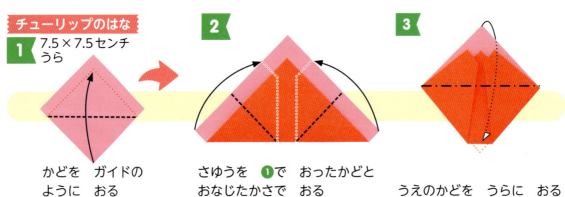

かどを ガイドの
ように おる

さゆうを ①で おったかどと
おなじたかさで おる

うえのかどを うらに おる

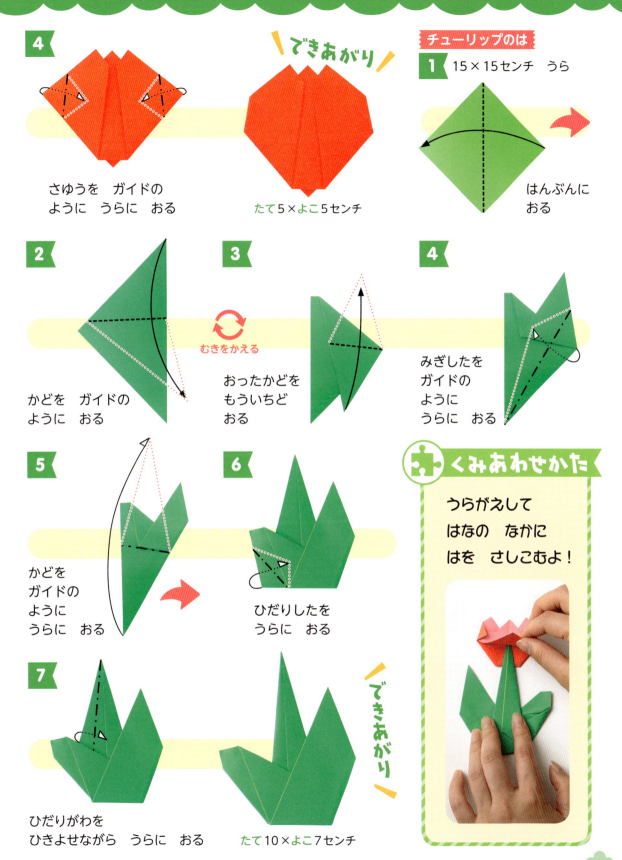

ばら

ボードに はって きねんびに プレゼントしてみよう

むずかしい

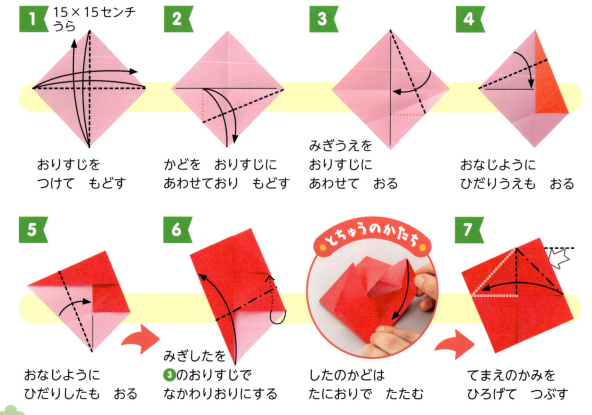

1. 15×15センチ うら / おりすじを つけて もどす
2. かどを おりすじに あわせて おり もどす
3. みぎうえを おりすじに あわせて おる
4. おなじように ひだりうえも おる
5. おなじように ひだりしたも おる
6. みぎしたを ❸のおりすじで なかわりおりにする

とちゅうのかたち
したのかどは たにおりで たたむ

7. てまえのかみを ひろげて つぶす

8	9	10	11
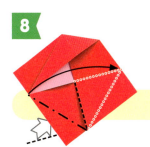		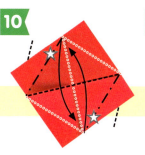	
はんたいがわも おなじように おる	❼まで おりを もどす	☆のところを ❼❽のようにおる	❼で おったところを ひきだす

とちゅうのかたち	12	13	できあがり

みぎうえのかどは なかに さしこむ	❽で おったところを ひきだす	ひきだしたかどを さしこむ	たて8×よこ8センチ

✨ かざりかた

コースターや ブローチにも なるよ！

コースター

コップのしたに しくよ！

ブローチ

なかに 4.5×4.5センチの かみを いれて ブローチにしよう

キラキラのかみで おると かっこいいね！

クローバー

4まいのおりがみを
くみあわせて
つくるよ

むずかしい

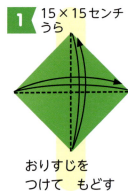

1 15×15センチ
うら

おりすじを
つけて もどす

2 ななめにも
おりすじを
つけて もどす

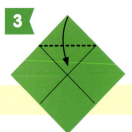

3 かどを おりすじに
あわせて おる

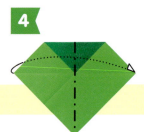

4 はんぶんに おる

5 かどを おりすじに
あわせて おる

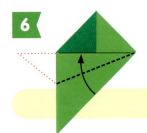

6 したがわを
おりすじに
あわせて おる

7 もういちど
かどを おる

8 てまえのかみを
ひらいて つぶす

9 ❹まで おりを
もどす

10
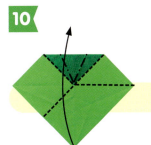
おりすじに あわせて
たたむように おる

とちゅうのかたち

なかを しゃしんの
ようにして たたむ

11
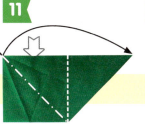
てまえのかみを
ひらいて つぶす

12
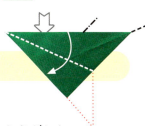
うえがわを
ひろげて つぶす

とちゅうのかたち

ひろげたところ

13

かどを ガイドの
ように おる

14

さゆうを かどに
あわせており もどす

15

さゆうを
なかわりおりにする

とちゅうのかたち

なかわりおりに
している ところ

16

かどを ガイドに
あわせて おる

17

おったところ

うらがえす

できあがり

たて10.5×よこ8.5センチ

くみあわせかた

4つ つくって
くみあわせよう！

したの かどを
ひらいて さしこむ

4つ
くみおわった
かたち

うらがえす

できあがり

101

はな あさがお

つたは ほそながく きった おりがみで つくれるよ

むずかしい

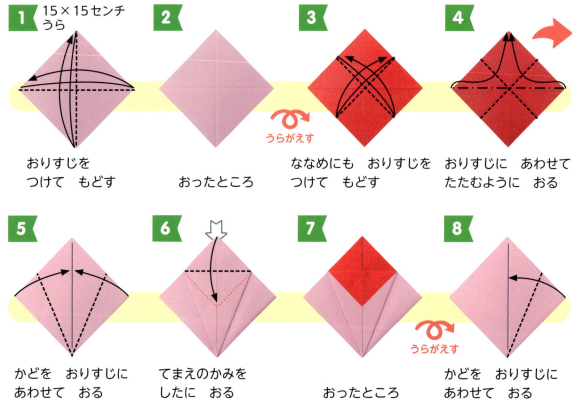

1 15×15センチ うら
おりすじを つけて もどす

2 おったところ
うらがえす

3 ななめにも おりすじを つけて もどす

4 おりすじに あわせて たたむように おる

5 かどを おりすじに あわせて おる

6 てまえのかみを したに おる

7 おったところ
うらがえす

8 かどを おりすじに あわせて おる

102

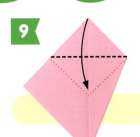
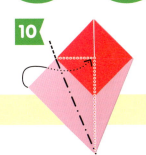

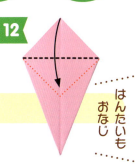

9 てまえのかみを したに おる

10 かどを なかわりおりにする

11 さゆうを やじるしに あわせて めくる

12 てまえのかみを したに おる

はんたいも おなじ

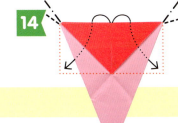

13 かどを ガイドのように さゆうにおり もどす

14 なかのかみを ひきだす

とちゅうのかたち
かどを そとに だすようにおる

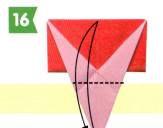

15 ⑩でおったところも おなじように ひきだす

とちゅうのかたち
ひだりがわの うしろに あるかみを ひきだす

16 かどを うえに あわせており もどす

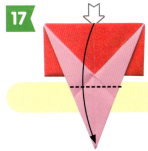

17 うえから ひろげて りったいにする

とちゅうのかたち
ごかくけいに かたちを ととのえる

できあがり
たて8×よこ8センチ

103

あじさい

はな

やさしい

あじさいのは

1 7.5×7.5センチ　うら

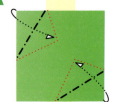

かどを　ガイドの
ように　うらに　おる

2

できあがり

たて7.5×よこ7.5センチ

あじさいのはな

1 7.5×7.5センチ　おもて

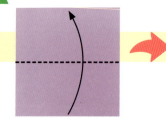

はんぶんに　おる

2

てまえのかみを
はんぶんに　おる

3

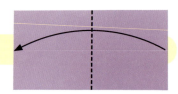

もういちど
はんぶんに　おる

4

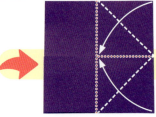

かどを　まんなかに
あわせて　おる

5

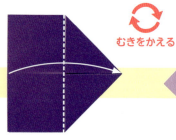

てまえのかみを
はんぶんに　おる

むきをかえる

できあがり

たて5.5×よこ5.5センチ

ひまわり

1 15×15センチ うら

おりすじを つけて もどす

2

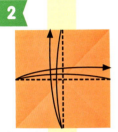

たてよこにも おりすじを つけて もどす

やさしい

3

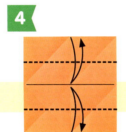

かどを おりすじに あわせており もどす

4

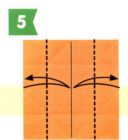

じょうげを おりすじに あわせており もどす

5

さゆうを おりすじに あわせており もどす

6

かどを おりすじに あわせて おる

7

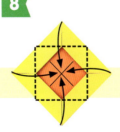

❸のおりすじで おる

8

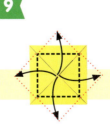

かどを おりすじに あわせて おる

9

おったかどを そとがわに おる

できあがり

たて10×よこ10センチ

105

しんかんせん

のりもの

かんたん

しゃりょうを たくさん つなげてみよう

しゃりょう

1 15×15センチ　おもて

おりすじを つけて もどす

2

じょうげを おりすじに あわせて おる

3

おったところを はんたいがわに おる

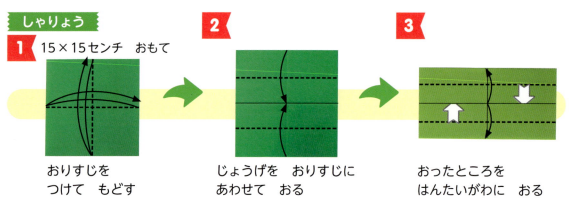

4

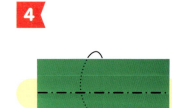

はんぶんに おる

\できあがり/

たて3.7×よこ15センチ

せんとうしゃ

1 15×15センチ　おもて

しゃりょうを　おり
まんなかから　ひろげる

2

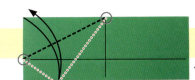

かどを
○のところからおり　もどす

3

かどを　❷のおりすじで
なかわりおりにする

4

かどを　おりすじに
あわせており　もどす

5

うしろのかどを
なかに　さしこむ

6

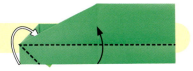

てまえのかどを
なかに　さしこむ

7

かどを　てまえのかみに
あわせて　おる

8

おったところを
なかに　さしこむ

できあがり

たて3.7×よこ15センチ

くみあわせかた

しゃりょうを　せんとう
しゃに　さしこんで
つなげていこう！

えがきかた

まど　ライト
ラインを　つくろう！

まど

ライト　ライン

くるま ロケット
ボート

ふつう

みんなが すきな のりもの だいしゅうごう

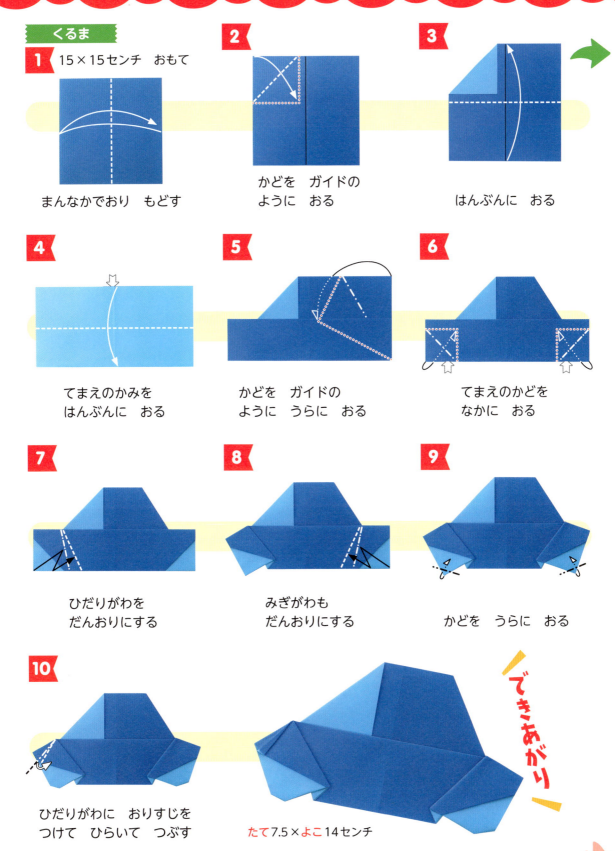

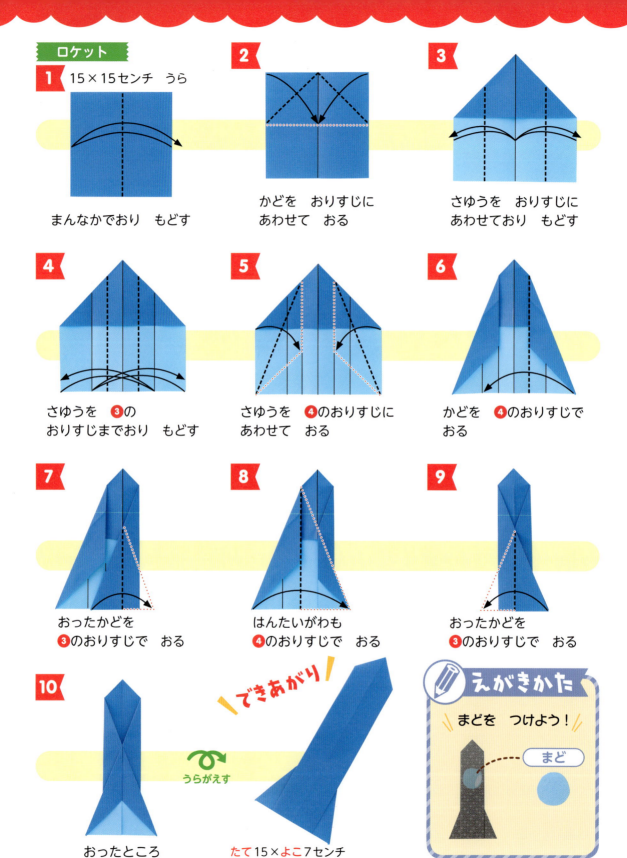

ボート

1 15×15センチ おもて

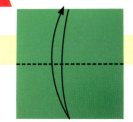

まんなかでおり もどす

2

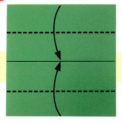

じょうげを おりすじに
あわせて おる

3

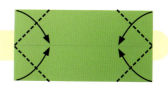

かどを まんなかに
あわせて おる

4

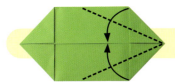

もういちど かどを
まんなかに あわせて おる

5

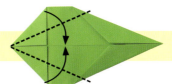

ひだりがわも
おなじように おる

6

かどを まんなかに
あわせて おる

7

まんなかから
じょうげに ひろげる

8

おもてと うらを
ひっくりかえす

とちゅうのかたち

ひっくりかえして
いるところ

できあがり

むきをかえる

たて 3 × よこ 13.5 センチ

あそびかた

ぎんや きんの
かみで おると
みずに
うかべられるよ！

ペンギン ➡ 92 ページ

かんむり

つかえる

キラキラの
シールをはって
ごうかに
みせよう

えっへん！

ふつう

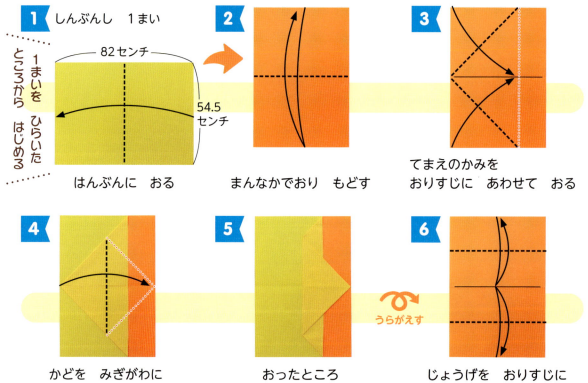

1 しんぶんし　1まい

1まいを ひらいた ところから はじめる

82センチ
54.5センチ

はんぶんに　おる

2 まんなかでおり　もどす

3 てまえのかみを おりすじに　あわせて　おる

4 かどを　みぎがわに あわせて　おる

5 おったところ

うらがえす

6 じょうげを　おりすじに あわせており　もどす

7
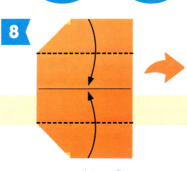
かどを おりすじに あわせて おる

8
じょうげを 6の おりすじで おる

9
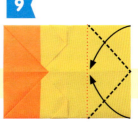
かどを まんなかに あわせて おる

むきをかえる

10
かどを うえに あわせておる

11
したがわを ガイドの ように おり もどす

12

したから ひろげて りったいにする

うえを へこませながら かたちを つくる

13

11のおりすじで うちがわに おりこむ

\ できあがり /

たて18×よこ20センチ

あそびかた

おんなのこは ティアラを つくろう！

かみのいろや かざりを かわいくすれば おうじょさまに へんしん！

つくりかた

ほしのかたちの かたぬきで あなを あけよう！ リボンを むすんでも すてきだよ！

ブレスレット

つかえる

ハートや ほしを つけると もっと おしゃれになるよ

かんたん

ハート ➡ 122ページ
ほし ➡ 140ページ

1
15×15センチ　うら

おりすじを つけて もどす

2
じょうげを おりすじに あわせており もどす

3
さゆうを おりすじに あわせており もどす

4
2まいとも つかうよ

まんなかで 2つに きる

5
むきをかえる

じょうげを おりすじに あわせて おる

6
かたほうのさきを もうかたほうに さしこむ

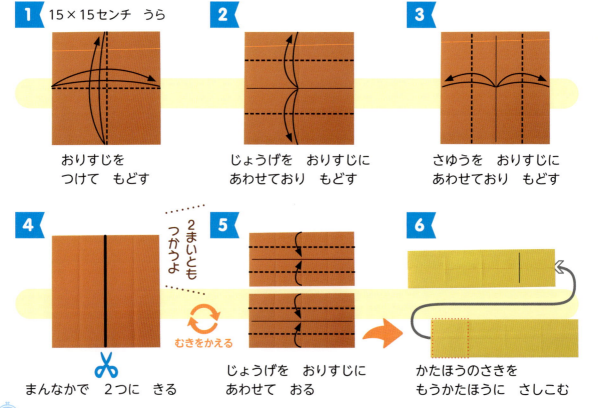

7   8 9

はんぶんに おる　　もういちど　　　　　さきを はんたいがわに
　　　　　　　　　　はんぶんにおり もどす　さしこみ わにする

10　　　　　　　　11　　　　　　　　12

 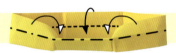 

さしこんだところ　❽のおりすじで　　　おりすじを ゆびで
　　　　　　　　　うちがわに おる　　ならして まるくする

ゆびで ならしている
ところ

できあがり

たて1×よこ8センチ

そとがわに
かざりを
つけてみよう

あそびかた

おとこのこは かっこいい
とけいをつくろう！

ブレスレットは
もようつきの
かみで
おってみよう！

つくりかた
とけいのすうじとはりを かみに かいて
ブレスレットに のりではろう！

ハートのゆびわ

つかえる

きらきらのかみで
おるとすてきだよ

ふつう

1 7.5×7.5センチ おもて

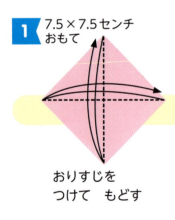

おりすじを
つけて もどす

2

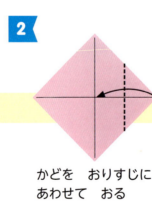

かどを おりすじに
あわせて おる

3

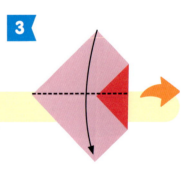

はんぶんに おる

4

うえがわを ガイドの
ように おる

5

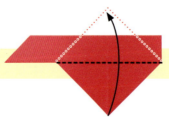

かどを うえに おる

6

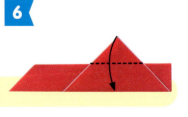

てまえのかどを
したに あわせて おる

うらがえす

うしろのかどを
ガイドのように　おる

うえがわを　うらに　おる

おったところ

かどを
ガイドのように　おる

おったかどを　うらに　おる

みぎのかどを　ひだりの
すきまに　さしこむ

とちゅうのかたち

さしこんでいる
ところ

できあがり

たて２×よこ２センチ

あそびかた

だいすきな　おともだちや　おかあさんに
はこにいれて　プレゼントしよう！

はこは
10×10センチの
おりがみで
おっているよ

● はこのつくりかたは　128ページを　みてね
● はこは　2つ　つくって　1つは　ふたにしよう
● もようつきのかみで　おると　とても　おしゃれになるよ

7

おりすじに あわせて
たたむように おる

8

かどを おりすじに
あわせており もどす

9

❼まで おりを
もどす

10
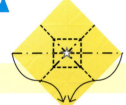
☆のところを
へこませて
たたむように おる

へこませたまま
つぶすように たたむ

11
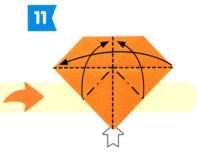
てまえのかどを
たたむように おる

かどを おったら
やじるしのほうに たたむ

12

ほかのかども
おなじように おる

むきをかえる

できあがり
たて10.5×
よこ10.5センチ

あそびかた

その1
リボンをつけて
ペンダントにして
みにつけよう

その2
ようふくにつけて
アクセントに
しよう

メダル

つかえる

これで きみも チャンピオンだ

ふつう

1. 15×15センチ うら
おりすじを つけて もどす

2. たてよこにも おりすじを つけて もどす

うらがえす

3. かどを おりすじに あわせており もどす

うらがえす

4. さゆうを おりすじに あわせて おる

5. じょうげを おりすじに あわせて おる

6. なかのかどを さゆうに ひきだす

とちゅうのかたち
みぎうえのかどを ひきだした ところ

7. ひきだしたかどを ひろげて つぶす

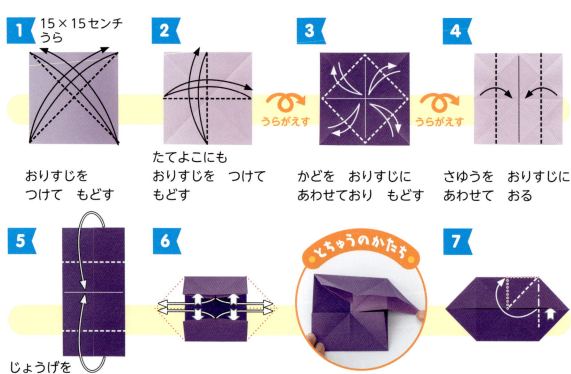

とちゅうのかたち
みぎうえの かどを つぶしている ところ

8 ほかの かども おなじように おる

9 かどを おりすじに あわせて おる

10 おった ところを ひらいて つぶす

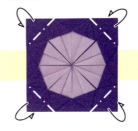

11 はんたいがわも おなじように おる

12 ほかの かども おなじように おる

13 かどを うらに おる

できあがり
たて7.5×よこ7.5センチ

かざりかた

かざりを つけて きねんびに プレゼントしよう！

くびにかけて あそぼう！

まんなかに シールを はって かざりつけよう！

うらに リボンを テープで くっつけよう！

121

つかえる ハート

いろいろな かざりに つかえるよ

ふつう

1 15×15センチ うら
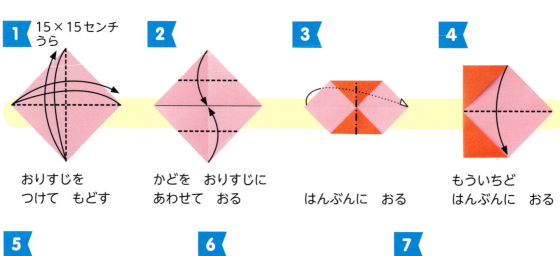

おりすじを つけて もどす

2
かどを おりすじに あわせて おる

3
はんぶんに おる

4
もういちど はんぶんに おる

5

かどを ガイドのように おる

6
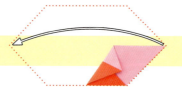

③まで おりを もどす

7
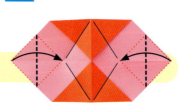

かどを おりすじに あわせて おる

8
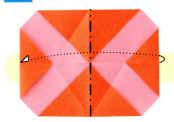
はんぶんに おる

9
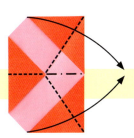
おりすじに あわせて
かぶせおりにする

かぶせおりにしながら
かどを あわせて たたむ

10

かどを
ガイドのようにおり もどす

11

かどを
なかわりおりにする

たて8×よこ8.5センチ

かざりかた

なふだ
きった かみなどを
はって なふだに
しよう！

テープで はりつけるよ

クリップ

なかのかどを まんなかに
むけて おる

かみを ☆のあいだに
さしこむ

おかしいれ

つかえる ／ ふつう ★★☆

かみの おおきさを かえて いれるものを わけよう

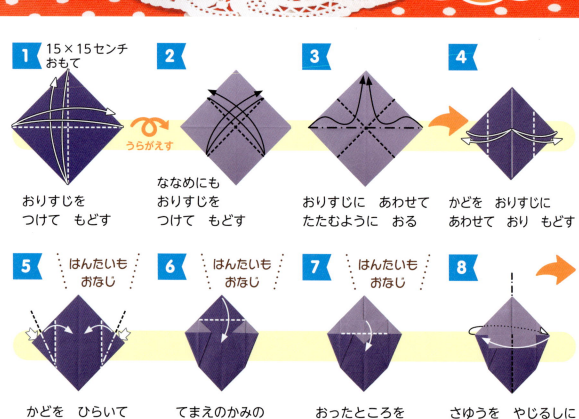

1. 15×15センチ おもて
おりすじを つけて もどす
うらがえす

2. ななめにも おりすじを つけて もどす

3. おりすじに あわせて たたむように おる

4. かどを おりすじに あわせて おり もどす

5. はんたいも おなじ
かどを ひらいて つぶす

6. はんたいも おなじ
てまえのかみの かどを おる

7. はんたいも おなじ
おったところを もういちど おる

8. さゆうを やじるしに あわせて めくる

9

かどを ❻とおなじ ところで おる

はんたいも おなじ

10

おったところを もういちど おる

はんたいも おなじ

11

かどを おったところに あわせており もどす

12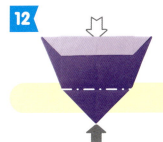

うらがわを ひろげて りったいにする

とちゅうのかたち

うえがわを しかくに ひろげる

できあがり

たて3×よこ9センチ

✨ かざりかた

おおきいほうは 25×25センチの かみで おっているよ

いろいろな かみで おると たのしいよ！

くちが おおきいから おかしが とりだしやすいよ ばらばらに なりやすい こものや おもちゃを いれるのにも ぴったり！

つかえる おてがみ

かんたん ★☆☆

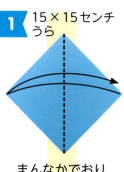
1 15×15センチ
うら

まんなかでおり
もどす

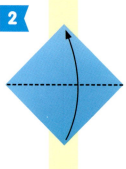
2

はんぶんに おる

3

かどを したに
あわせて おる

4

かどを うえに
あわせており もどす

5

○を おりすじに
あわせて おる

6

ひだりがわを
おなじようにおり
もどす

7

かどを ❺でおった
かどに さしこむ

できあがり

たて5.5×よこ7.5センチ

あそびかた

うらがわに
メッセージを
かこう！

126

つかえる **おさいふ** ★☆☆ かんたん

じょうぶな かみで おれば ほんものの おさいふみたいに つかえるよ

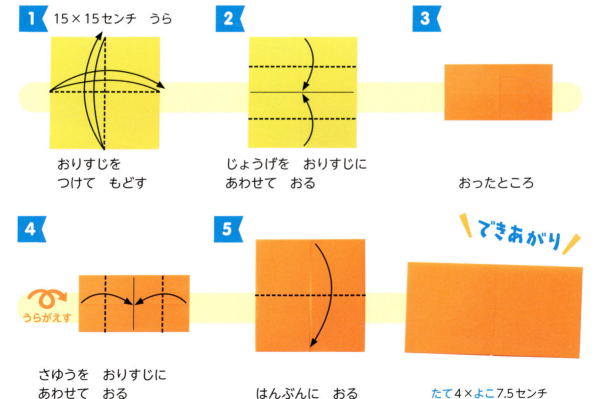

1 15×15センチ うら
おりすじを つけて もどす

2 じょうげを おりすじに あわせて おる

3 おったところ

4 うらがえす
さゆうを おりすじに あわせて おる

5 はんぶんに おる

できあがり
たて4×よこ7.5センチ

つかえる はこ

★★★ むずかしい

1 15×15センチ うら

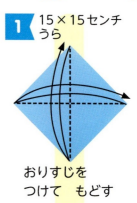

おりすじを つけて もどす

2

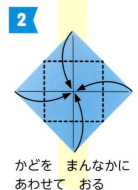

かどを まんなかに あわせて おる

3

さゆうを おりすじに あわせており もどす

4
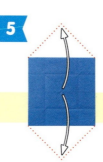
じょうげを おりすじに あわせており もどす

5
じょうげに ひろげる

6
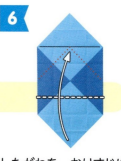
したがわを おりすじに あわせて おる

7

かどを おりすじに あわせて おる

8
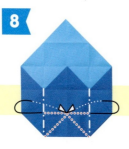
おったかどを なかに おりこむ

9

かどを ガイドの ように おる

10

おったところを なかに おる

かどを
❹のおりすじで おる

かどを おりすじに
あわせて おる

 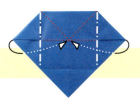
おったかどを
なかに おりこむ

かどを おりすじに
あわせて おる

おったところを
なかに おる

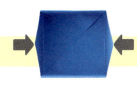
まんなかから
じょうげに ひろげる

かどを おしながら
りったいにする

できあがり

たて3×よこ5センチ

あそびかた

いれものや プレゼントのはこに しよう！

シールで
かざりつけると
かわいいよ！

なかに
すきなものを
いれよう！

かさねると
ふたつきの
はこに なるよ！

かぶせやすい ように
おおきく つくりたい ときは
❸❹のとき ちゅうしんの
すこしてまえで おりもどそう

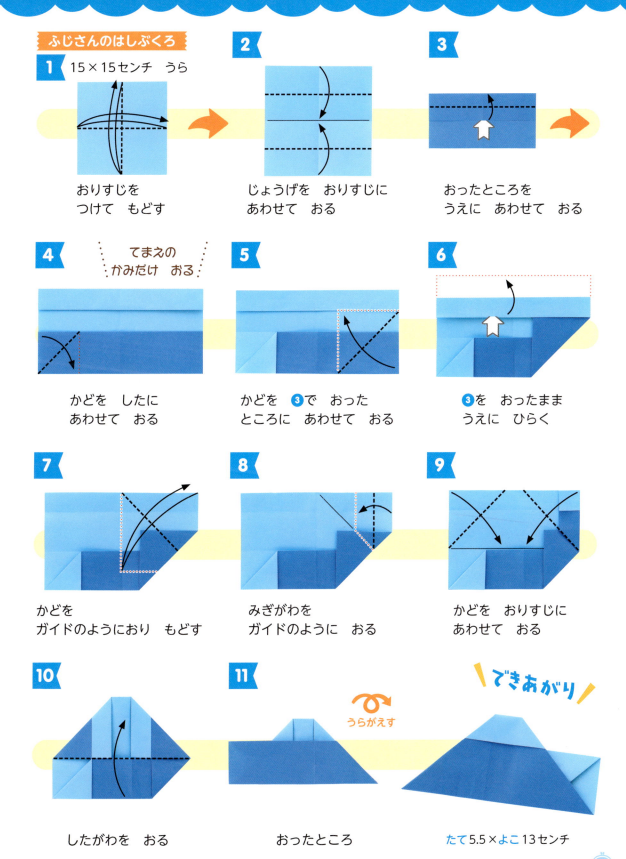

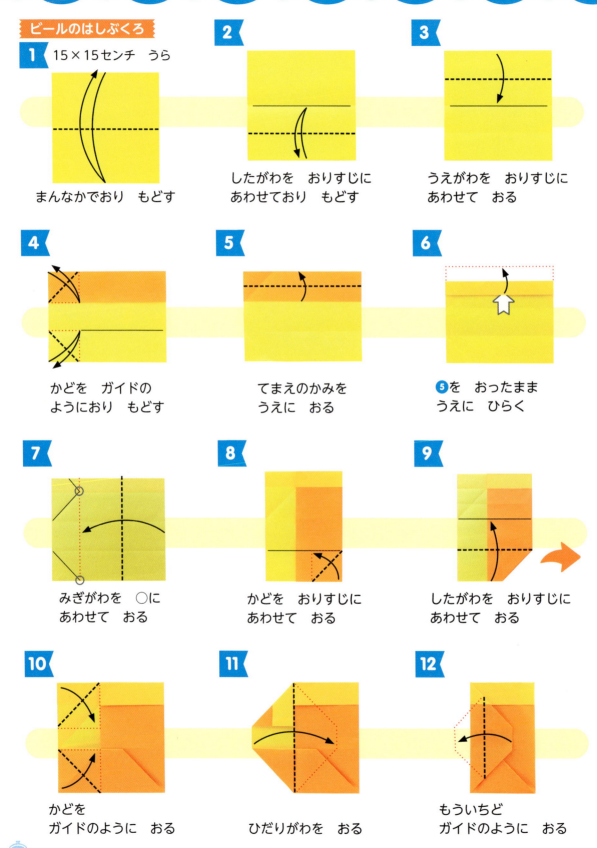

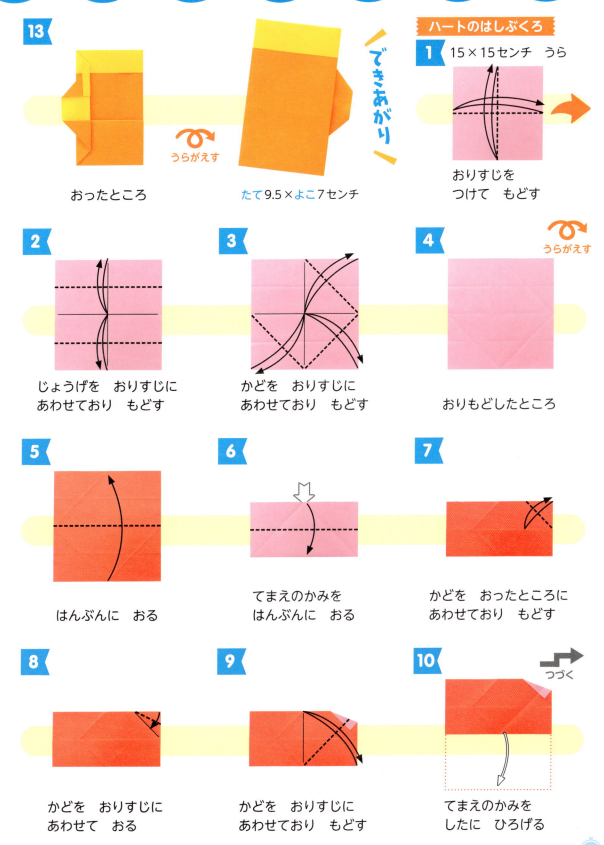

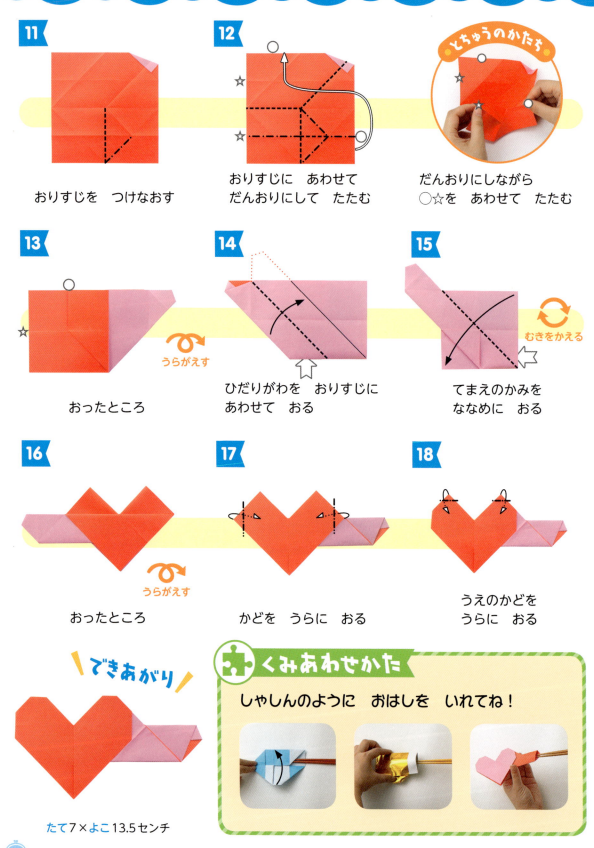

つかえる しゃしんたて

いろいろな おおきさの しゃしんに あわせて つくれるよ

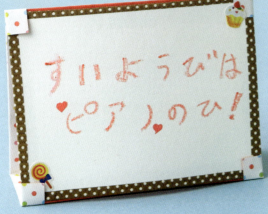

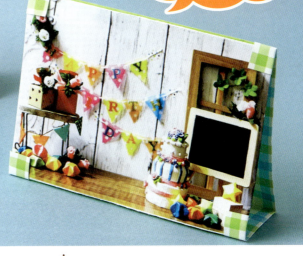

かんたん ★☆☆

---

1 15×15センチ おもて

しゃしんを おいて さゆうを おる

2
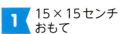
しゃしんを とりだす

3 さゆうと おなじくらい
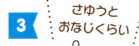
じょうげを うらに おる

4 うらがえす

おったところ

5
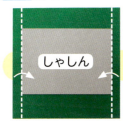
かどに しゃしんを さしこむ

6
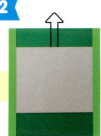
したがわを しゃしんに あわせており もどす

7

かどに しゃしんを さしこみ りったいにする

できあがり

たて9×よこ12.5センチ

135

サンタクロース ゆきだるま　いえ

きせつ

クリスマスの
かざりに
ぴったりな
おりがみだよ

★★★ ふつう

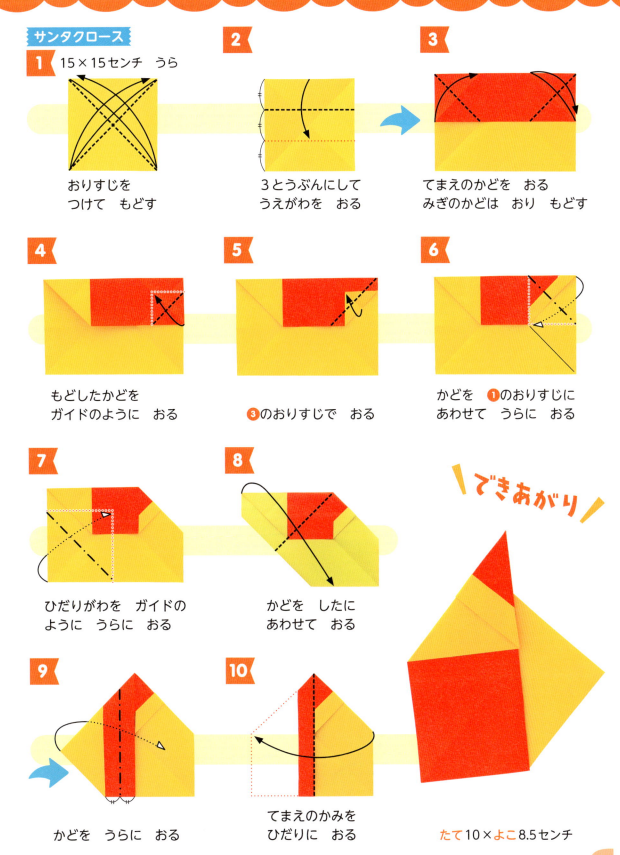

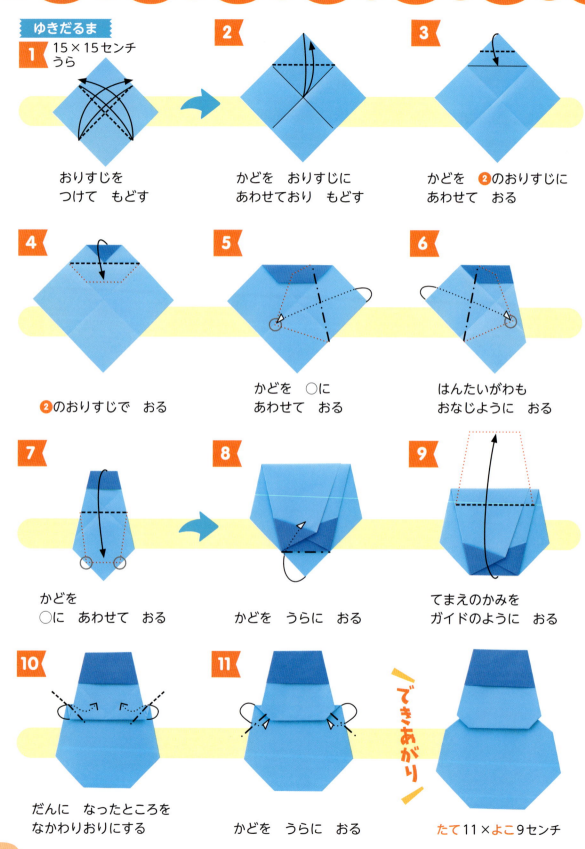

いえ

1 15×15センチ うら

3とうぶんにして うえを おる

2 かどを なかわりおりにする

3 したがわを うらに おる

4 かどを うちがわで おる

5 おったところを なかに おる

6 かどを うらに おる

7 かどを ガイドの ように うらに おる

できあがり たて7.5×よこ10センチ

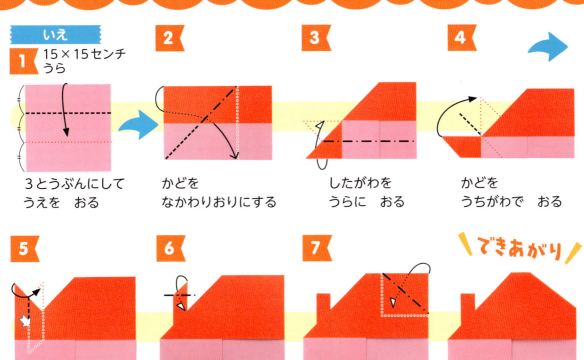

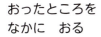
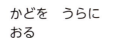

えがきかた

かおやパーツを つけて デコレーションしよう！

サンタクロース — まゆげ、ひげ、め
ゆきだるま — め、はな、て
いえ — ドア、まど

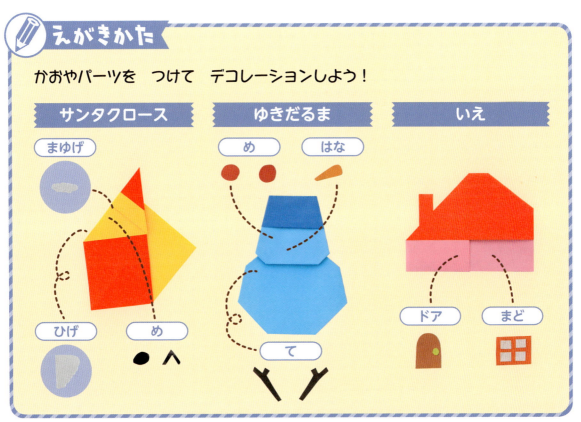

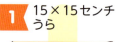

ほし

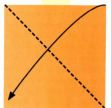

むずかしい

1 15×15センチ　うら

ななめに おる

2 もういちど ななめに おる

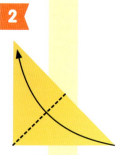

3 てまえのかみを はんぶんに おる

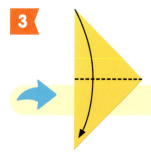

4 みぎうえを まんなかに あわせて おる

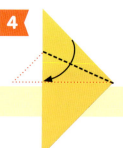

5 うえがわを うらに おる　むきをかえる

6 なかの1まいを なかわりおりにする

とちゅうのかたち　ガイドのかどまで ひきだす

7 てまえのかみを ひらいて つぶす

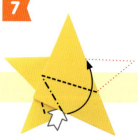

8 うらがえす　おったところ

できあがり　たて9×よこ9センチ

ツリー

かんたん

1 15×15センチ うら

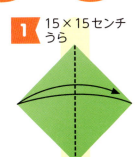

まんなかでおり
もどす

2

かどを おりすじに
あわせておる

3

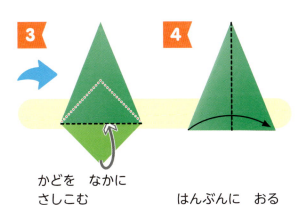

かどを なかに
さしこむ

4

はんぶんに おる

5

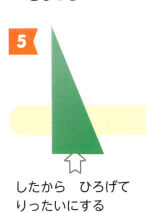

したから ひろげて
りったいにする

できあがり

たて15×よこ8センチ

✨ かざりかた

クリスマスツリーに するときは
❹で はんぶんに おるまえに
かざりを つけるといいよ！

おびな めびな

ひなまつりに つくって ならべて かざろう

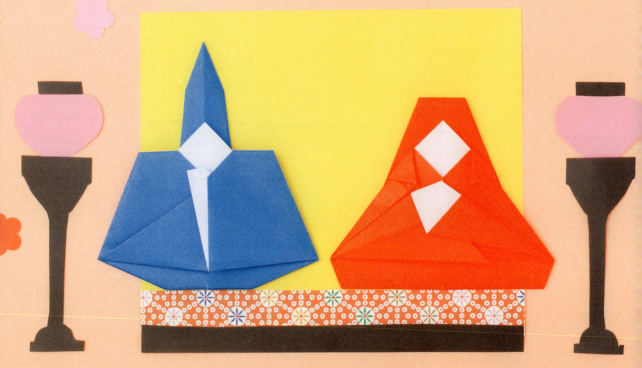

むずかしい

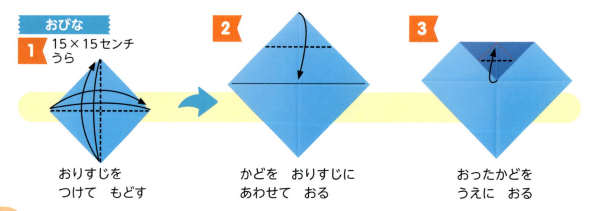

おびな

1. 15×15センチ うら
おりすじを つけて もどす

2. かどを おりすじに あわせて おる

3. おったかどを うえに おる

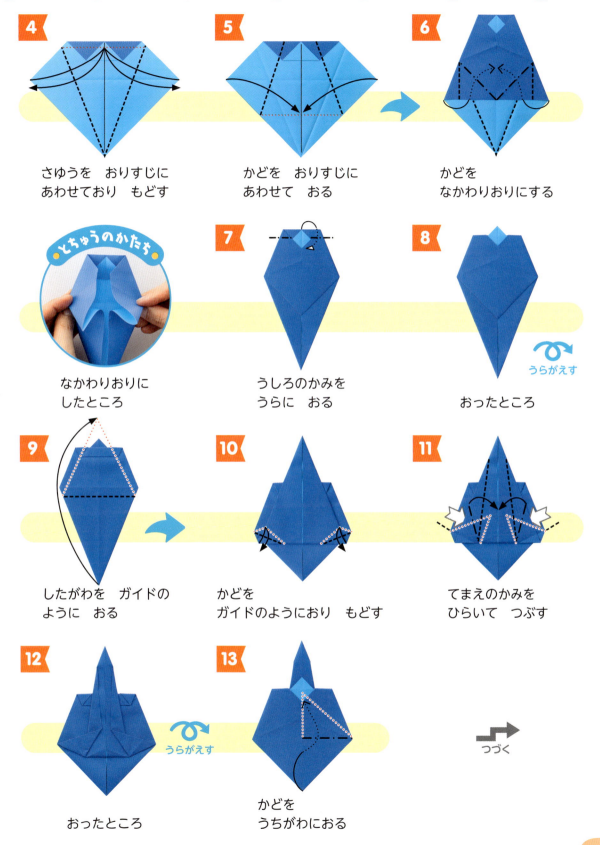

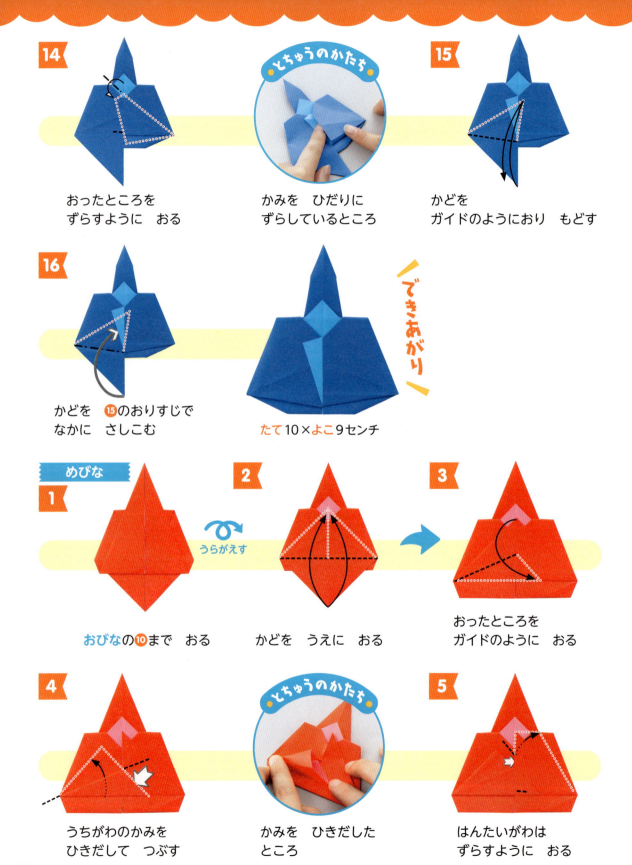

かみを ずらした ところ

6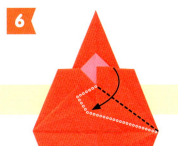
おったところを ガイドのように おる

7
かどを ガイドの ように おる

8
かどを うらに おる

たて7.5×よこ9センチ

できあがり

✨ かざりかた

がくぶちに いれて ひなまつりの かざりにしよう！

かおを かいても いいよ！

✏️ えがきかた

べつの かみで かざりを つけてみよう！

かんむりを くろく ぬったよ！

かみかざりと せんすのかみを つけてもいいね！

145

かぶと

きせつ　ふつう

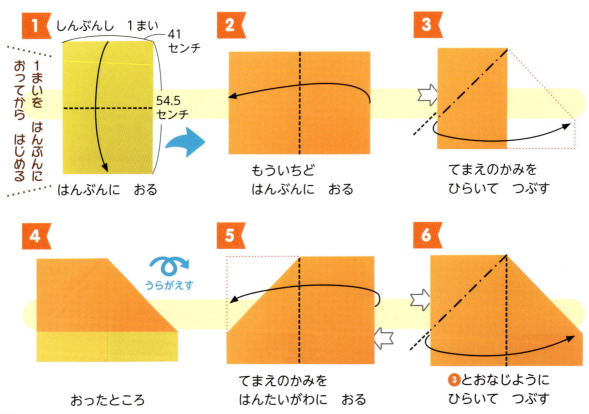

1. しんぶんし　1まい　41センチ　54.5センチ
   1まいを　はんぶんに　おってから　はじめる
   はんぶんに　おる

2. もういちど　はんぶんに　おる

3. てまえのかみを　ひらいて　つぶす

4. うらがえす
   おったところ

5. てまえのかみを　はんたいがわに　おる

6. ❸とおなじように　ひらいて　つぶす

7
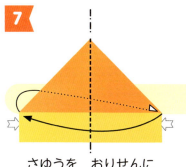
さゆうを おりせんに
あわせて めくる

8
はんたいも おなじ
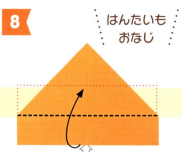
てまえのかみを
ガイドのように おる

9
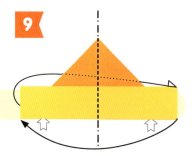
さゆうを おりせんに
あわせて めくる

10
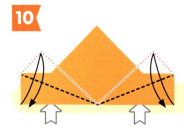
てまえのかみを
ななめにおり もどす

11
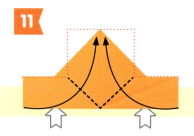
てまえのかみを
うえに ひろげる

12
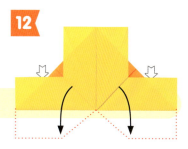
おったところを
したに ひきだす

13
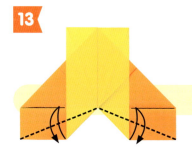
かどを おりすじに
あわせており もどす

14

かどを おりすじに
あわせて おる

15
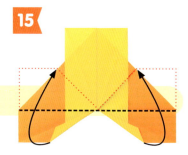
したがわを
❽のおりすじで おる

16
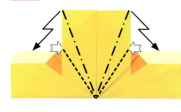
うえがわを それぞれ
だんおりにする

17

したから ひろげて
りったいにする

できあがり

たて10×よこ21センチ

カーネーション

むずかしい

1 15×15センチ うら

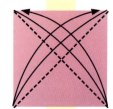

おりすじを つけて もどす

2

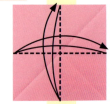

たてよこにも おりすじを つけて もどす

3 うらがえす

かどを おりすじに あわせており もどす

4 うらがえす

さゆうを おりすじに あわせて おる

5

じょうげを おりすじに あわせて おる

6

なかのかどを さゆうに ひきだす

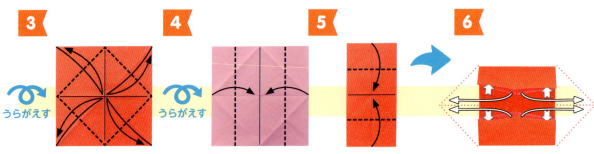

7

ひきだしたかどを ひろげて つぶす

とちゅうのかたち

みぎうえのかどを つぶしている ところ

8

ほかのかども おなじように おる

9

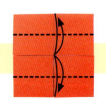

じょうげを まんなかに あわせており もどす

148

10

さゆうを まんなかに
あわせて おり もどす

11

かどを まんなかに
あわせて おる

12

おったところ

13

さゆうを
たたむように おる

とちゅうのかたち

たたんだところ

14

てまえのかどを
すこしひろげる

15

ひろげたかどを
じょうげに ひらく

16

なかのかどを
まんなかに
あわせて おる

とちゅうのかたち

みぎのかどを
おったところ

17

ひろげたさゆうを
まんなかに
あわせており もどす

18

ほかの かども
おなじように おる

できあがり

たて6×よこ6センチ

かざりかた

メッセージカードに
はりつけたり
かごに いれて
かざると
きれいだよ！

はりつけかた

ネクタイ

きせつ / むずかしい

シャツと あわせて ちちのひに プレゼントしよう

シャツ➡152ページ

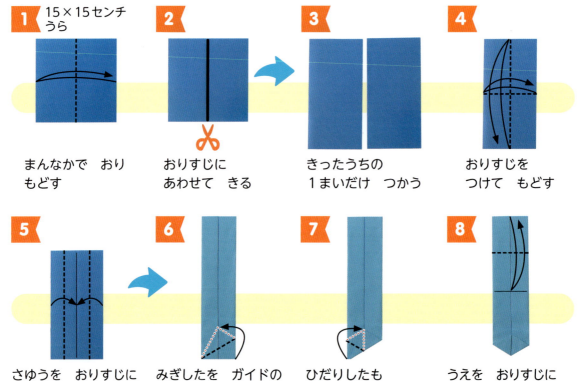

1. 15×15センチ うら
まんなかで おり もどす

2. おりすじに あわせて きる

3. きったうちの 1まいだけ つかう

4. おりすじを つけて もどす

5. さゆうを おりすじに あわせて おる

6. みぎしたを ガイドの ように おる

7. ひだりしたも おなじように おる

8. うえを おりすじに あわせており もどす

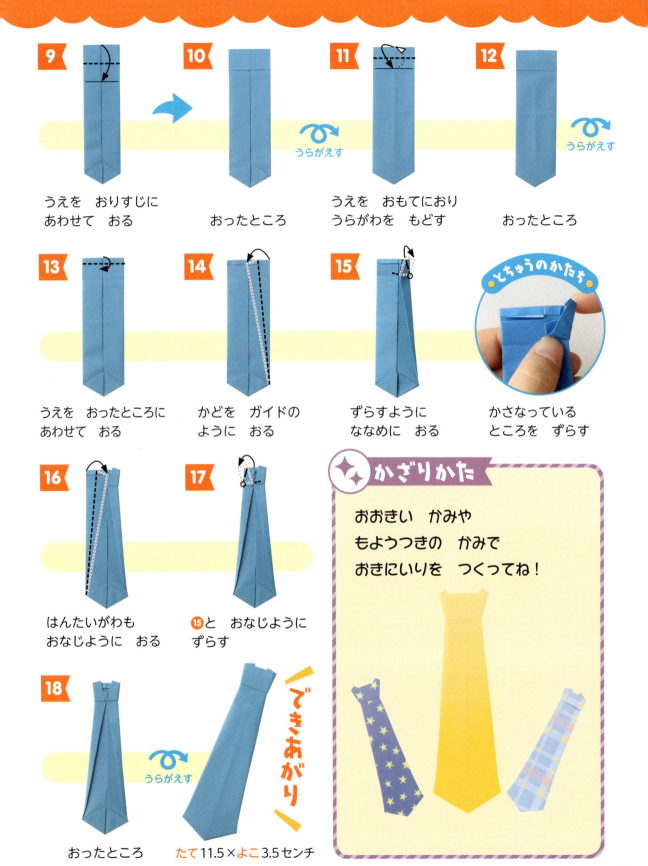

シャツ

きせつ / むずかしい

いろいろな もようの
かみで おってみよう

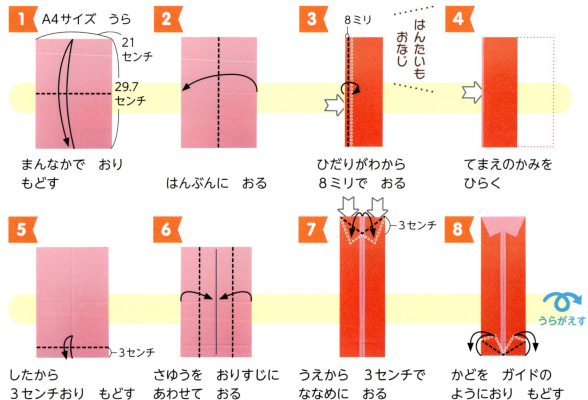

1. まんなかで おり もどす（A4サイズ うら、21センチ、29.7センチ）
2. はんぶんに おる
3. ひだりがわから 8ミリで おる（8ミリ／はんたいも おなじ）
4. てまえのかみを ひらく
5. したから 3センチおり もどす
6. さゆうを あわせて おりすじに おる
7. うえから ななめに 3センチで おる
8. かどを ガイドの ようにおり もどす（うらがえす）

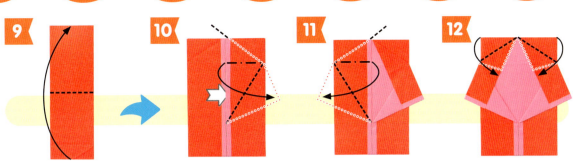

9 はんぶんに おる

10 まんなかから ひらいて つぶす

11 はんたいがわも おなじように おる

12 かどを ガイドのように おる

13 かどを おりすじに あわせて おる

14 おったところ

うらがえす

できあがり

たて13×よこ11.5センチ

🧩 くみあわせかた

A4のかみで おると ティッシュケースに なるよ！

ティッシュのいれかた

ネクタイつき シャツ

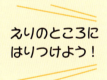

えりのところに はりつけよう！

できあがり

ネクタイの つくりかたは 150ページを みてね

ほしのたんざく

どんな ねがいごとを かこうかな？

むずかしい

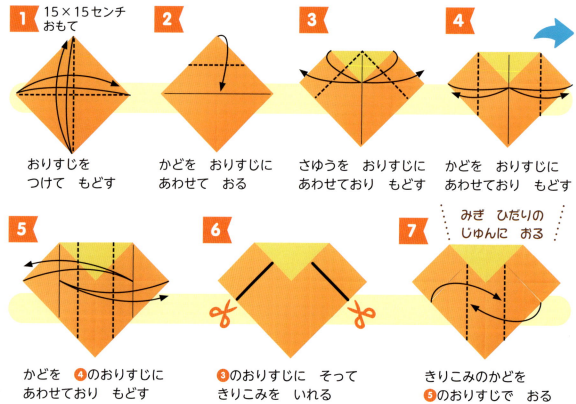

1 15×15センチ おもて
おりすじを つけて もどす

2 かどを おりすじに あわせて おる

3 さゆうを おりすじに あわせており もどす

4 かどを おりすじに あわせており もどす

5 かどを ❹のおりすじに あわせており もどす

6 ❸のおりすじに そって きりこみを いれる

7 みぎ ひだりの じゅんに おる
きりこみのかどを ❺のおりすじで おる

154

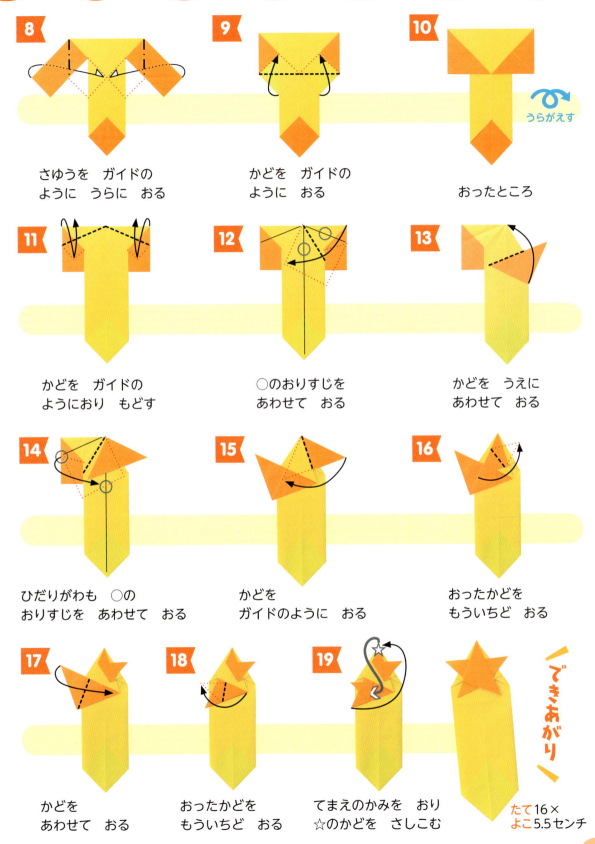

ジャック・オー・ランタン

トリック・オア・トリート！

くちびる ➡ 42ページ

ふつう

1 15×15センチ うら

まんなかでおり もどす

2

3とうぶんにして
じょうげをおり もどす

3

うえがわを おりすじに
あわせて おる

4

❷のおりすじで
うらに おる

5

かどを おりすじに
あわせて おる

6

かどを
ガイドのように おる

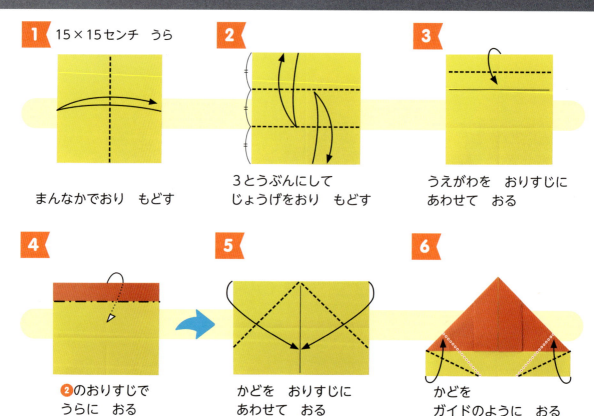

156

7 てまえのかみを ガイドのように おる

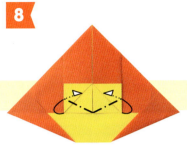

8 かどを うらに おる

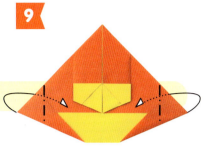

9 さゆうを うらに おる

10 したがわを ガイドのように おる

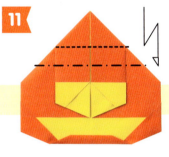

11 かどを うしろに だんおりにする

できあがり

たて6×よこ10センチ

えがきかた

めと したを つけて ハロウィーンらしく しよう！

ぼうしの かざりを つけても かわいいね！

め

ちょっと こわい め！

ベロベロバーに ぴったりな め！

したの つけかた

したは さきを すこし おって くちに ひっかけて はると いいよ！

おに

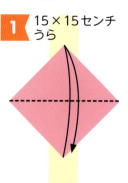
ふつう

1 15×15センチ うら

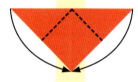

はんぶんに おる

2

かどを まんなかに あわせて おる

3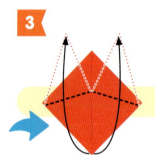

おったかどを ガイドのように おる

4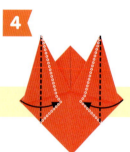

さゆうを ガイドの ように おる

5

したがわを ガイドの ように おる

6

もういちど したがわを おる

7

うちがわのかどを そとに おる

8

おったところ

うらがえす

9

かどを したに おる

できあがり

たて10.5× よこ8.5センチ

リース

きせつ

かんたん

きせつに あわせた
かざりを
つけてみよう

1 15×15センチ
うら

はんぶんに おる

2 ななめにおり もどす

3 かどを まんなかに
あわせて おる

4 ひだりうえを
まんなかに
あわせて おる

できあがり

たて11.5×
よこ15センチ

くみあわせかた

12こ つなげると しゃしんのような リースになるよ！

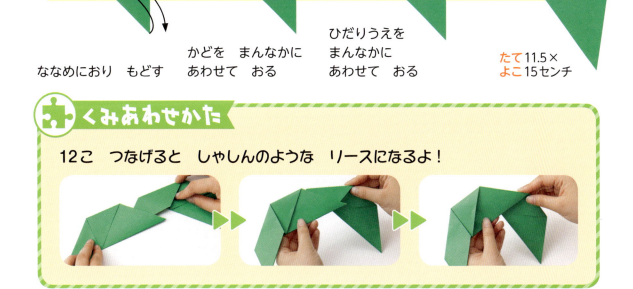

159

監修
山田勝久（やまだ　かつひさ）

1968年、神奈川県生まれ。日本折紙協会会員。
高校生の頃より創作折り紙を始める。動物、昆虫、恐竜、箸袋、動く折り紙など、幅広く創作を発表している。2004年第10回折紙探偵団国際コンベンション記念　妖怪折り紙コンテスト　水木しげる賞受賞。『親子でいっしょにつくろう！ 男の子のおりがみ』（成美堂出版）など折り紙に関する書籍の監修多数。

STAFF
デザイン	山岸　蒔　関根千晴　佐藤明日香　舟久保さやか　北川陽子　鄭　在仁　宮川柚希（スタジオダンク）
写真撮影	竹内浩務　三輪友紀（スタジオダンク）
スタイリング	露木　藍
校正	村上理恵
編集・制作	千葉裕太　千葉文菜（スタジオダンク）

親子で遊ぼう
おりがみ　だいすき！

監修者	山田勝久
発行者	池田士文
印刷所	図書印刷株式会社
製本所	図書印刷株式会社
発行所	株式会社池田書店
	〒162-0851　東京都新宿区弁天町43番地
	電話03-3267-6821(代)／振替00120-9-60072

落丁・乱丁はおとりかえいたします。
©K.K.Ikeda Shoten 2018, Printed in Japan
ISBN978-4-262-15227-1

本書のコピー、スキャン、デジタル化等の無断複製は著作権法上での例外を除き禁じられています。本書を代行業者等の第三者に依頼してスキャンやデジタル化することは、たとえ個人や家庭内での利用でも著作権法違反です。

22012006